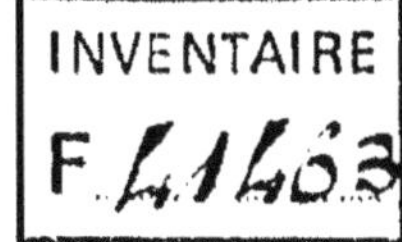

FACULTÉ DE DROIT DE BORDEAUX

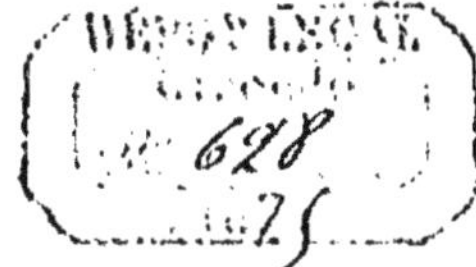

DE LA

ÉPARATION DES PATRIMOINES

EN DROIT ROMAIN ET EN DROIT FRANÇAIS

THÈSE POUR LE DOCTORAT

soutenue le 20 décembre 1875

PAR

Louis PÉRALDI

Avocat à la Cour d'appel de Bordeaux

BORDEAUX

IMPRIMERIE DUVERDIER ET Cⁱᵉ (DURAND, DIRECTEUR)

7, rue Gouvion, 7

1875

DE LA

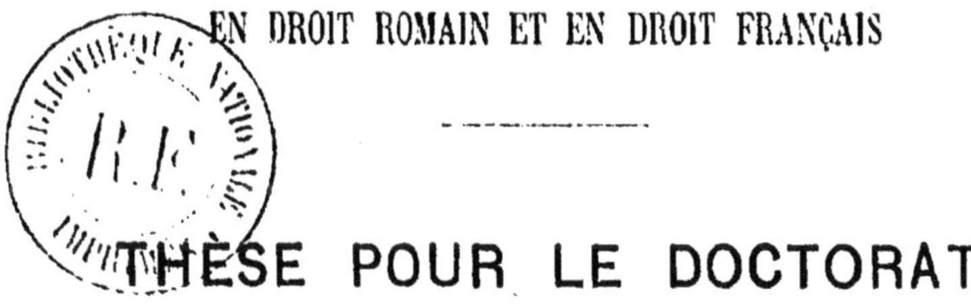

SÉPARATION DES PATRIMOINES

EN DROIT ROMAIN ET EN DROIT FRANÇAIS

THÈSE POUR LE DOCTORAT

soutenue le **20** décembre **1875**

PAR

Louis PÉRALDI

Avocat à la Cour d'appel de Bordeaux

BORDEAUX

IMPRIMERIE DUVERDIER ET Cie (DURAND, DIRECTEUR)

7, rue Gouvion, 7

1875

FACULTÉ DE DROIT DE BORDEAUX

MM. COURAUD (✻), doyen, officier de l'Instruction publique, professeur de *Droit romain*. Chargé du cours d'*Économie politique*.

BAUDRY-LACANTINERIE, officier d'Académie, professeur de *Droit civil*.

RIBÉREAU, officier d'Académie, professeur de *Droit commercial*.

SAIGNAT, officier d'Académie, professeur de *Droit civil*.

BARCKHAUSEN, professeur de *Droit administratif*.

DELOYNES, officier d'Académie, professeur de *Droit civil*.

LANUSSE, professeur de *Droit romain*.

VIGNEAUX, professeur de *Procédure civile* et de *Droit criminel*, chargé du cours d'*Histoire du droit*.

LECOQ, agrégé, chargé du cours de *Droit maritime*.

LEVILLAIN, agrégé, chargé du cours de *Droit pénal*.

MARANDOUT, agrégé, chargé du cours de *Procédure civile*.

GIDE, agrégé, chargé du cours de *Droit des gens*.

CUQ, docteur en droit, chargé du cours de *Pandectes*.

RAVIER, officier d'Académie, *secrétaire, agent comptable*.

PATRON, étudiant en droit, *secrétaire-adjoint*.

MORTET, étudiant en doctorat, *bibliothécaire*.

COMMISSION DE LA THÈSE :

MM. LANUSSE, *Président*.
SEIGNAT,
BAUDRY-LACANTINERIE,
LEVILLAIN,
CUQ.
       } *Suffragants*.

A MON PÈRE

A MA MÈRE

BIBLIOGRAPHIE

DROIT ROMAIN

CUJAS : *Opera omnia*. — DONEAU : *Opera omnia*. — VOET : *Ad Pandectas*. — POTHIER : *Pandectæ Justinianeæ*. — ORTOLAN : *Explication des Instituts*. — DEMANGEAT : *Cours élémentaire de Droit romain*. — TAMBOUR : *Des voies d'exécution sur les biens des débiteurs*. — MACHELARD : *Obligations naturelles*. — LABBÉ : *De la confusion considérée comme cause d'extinction des obligations*.

DROIT FRANÇAIS

LEBRUN : *Traité des successions*. — POTHIER : *Traité des successions*. — DOMAT : *Lois civiles*. — DURANTON : *Cours de Droit français suivant le Code civil*, t. VII. — DELVINCOURT : *Cours de Droit civil*, t. II. — AUBRY et RAU : *Cours de Droit français*. — MARCADÉ : *Explication du Code civil*, t. III. — DEMOLOMBE : *Cours de Code civil*, t. XVIIe. — MOURLON : *Examen critique et pratique du commentaire de M. Troplong sur les Priviléges*. — LAURENT : *Principes de droit civil français*, t. X. — GRENIER : *Des hypothèques*. — DUFRESNE : *Séparation des patrimoines*. — BLONDEAU : *Traité de la séparation des patrimoines considérée spécialement à l'égard des immeubles*. — DOLLINGER : *De la séparation des patrimoines*. — BARAFORT : *Traité théorique et pratique de la séparation des patrimoines*.

DROIT ROMAIN

PRÉLIMINAIRES

La transmission des biens par décès amène la confusion de deux patrimoines. L'héritier devient le représentant du défunt dans le sens le plus rigoureux de ce mot; il actionne les débiteurs de la succession et il est actionné par les créanciers. Cette représentation, dans les temps les plus reculés et même à l'époque classique de la jurisprudence romaine, était considérée comme une mesure d'ordre public; le citoyen romain tenait à honneur de se survivre; certains héritiers ne pouvaient se soustraire aux conséquences souvent onéreuses d'une succession qui s'imposait à eux. Le développement de la législation amena l'introduction de divers bénéfices qui permettent à l'héritier de prévenir les effets de la confusion. Mais la transmission des biens par décès n'intéresse pas seulement les héritiers; elle peut modifier sensiblement la position des créanciers du défunt qui, ayant traité avec un débiteur solvable, peuvent se trouver en présence d'un héritier insolvable. Cela arrivera lorsque le défunt avait un actif égal ou supérieur à son passif, tandis que l'héritier a plus de dettes que de biens. Que se produira-t-il dans cette hypothèse? Les créanciers tant de la succession que de l'héritier n'ont plus qu'un seul débiteur, l'héritier; les deux masses de biens ne forment plus qu'un seul patrimoine qui est le gage commun de tous les créanciers; la conséquence immédiate de cette confusion sera que les créanciers de la succession, qui eussent été intégralement payés du vivant de leur débiteur, ne recevront plus qu'un dividende.

Ce résultat inique, mais dérivant d'une manière rigoureuse des principes du pur Droit civil, a dû frapper de bonne heure les jurisconsultes romains. Le préteur vint au secours des créanciers de la succession par la séparation des patrimoines. « *Separatio,* dit

Pothier, *contra stricti juris rationem datur, enimvero cum heres adeundo hereditatem bona hereditaria efficiat sua, creditores heredis ex stricti ratione æquale in his bonis jus habent cum creditoribus defuncti..... Ab hoc tamen stricto jure recedit prætor, indulgendo ut bona, quæ defuncti fuerunt separentur* [1]. C'est au préteur à Rome et au Président dans les provinces que les créanciers de la succession doivent s'adresser. Ces magistrats examinent si ceux qui ont formé la demande se trouvent dans les conditions de l'Édit, s'ils sont véritablement créanciers de la succession, s'il n'y a pas eu novation, confusion ou prescription, et ils prononcent la séparation, *cognitâ causâ*, sans renvoyer la cause devant un judex. « *De his autem omnibus an admittenda separatio sit, necne : prætoris erit vel presidis notio, nullius alterius; hoc est ejus qui separationem indulturus est* [2]. »

La demande en séparation des patrimoines se produira le plus souvent à la suite d'une transmission de biens par décès. Nous verrons, dans la seconde partie de ce travail, qu'il est de règle, en Droit français, que les créanciers ne peuvent se prévaloir de la séparation que lorsque la mort de leur débiteur les met en présence d'un débiteur nouveau, c'est-à-dire dans l'hypothèse toute spéciale d'une succession. En Droit romain, la séparation des patrimoines peut recevoir son application alors même qu'aucun débiteur nouveau ne se trouve substitué à l'ancien: dans certaines hypothèses, la séparation peut être demandée par l'héritier lui-même ou par ses créanciers. Comment l'institution a-t-elle dévié ainsi de son but primitif? Cela tient à certaines particularités, à certains traits caractéristiques de la législation romaine. L'examen de ces différentes espèces sera l'objet du chapitre premier.

[1] Pandect. Justin., lib. XLII. tit. vi.
[2] D., 11. . § 14. *De Sp.*

CHAPITRE Ier

De quelques cas spéciaux de la separatio bonorum.

HÉRITIER NÉCESSAIRE. — On distingue, en Droit romain, trois classes d'héritiers : les héritiers nécessaires, les héritiers siens et nécessaires, enfin les héritiers externes ou volontaires. Les héritiers siens et nécessaires, les héritiers externes ou volontaires peuvent se rencontrer aussi bien dans une succession *ab intestat* que dans une succession testamentaire. L'héritier nécessaire ne peut être institué que par testament. Les héritiers nécessaires, les héritiers siens et nécessaires sont ainsi nommés parce qu'ils n'ont pas besoin de faire adition; l'hérédité s'impose à eux, *sive velint, sive nolint*. On comprend tout ce que la confusion des patrimoines pouvait avoir d'onéreux pour ces deux catégories d'héritiers. On entend par héritiers siens et nécessaires ceux qui se trouvent, au moment du décès, sous la puissance immédiate du *paterfamilias*; on les appelait héritiers siens « *quia vivo quoque patre quodammodo domini existimantur.* » Le préteur vint à leur secours par le *jus abstinendi* : « *his prætor permittit abstinere ab hereditate, ut potius parentis bona veneant* [1]. » L'héritier nécessaire est l'esclave auquel son maître donne par testament l'hérédité et la liberté. Comment le préteur vint-il au secours de cette dernière classe d'héritiers? « *Ita sciendum est, necessarium heredem servum cum libertate institutum impetrare posse separationem : scilicet ut si non attigerit bona patroni, in eâ causâ sit, ut ei, quicquid postea adquisierit, separetur, sed et si quid ei a testatore debetur* [2]. » Ainsi, tandis que les héritiers siens et nécessaires ont le droit de s'abstenir, l'esclave institué héritier peut demander la séparation. Signalons immédiatement la différence qui existe entre ces deux institutions. Ulpien nous la fait connaître : « *Ei, qui se non miscuit hereditati paternæ, sive major sit, sive minor, non esse necesse prætorem adire : sed sufficit se non miscuisse hereditati* [3]. »

[1] Gaius, comm. XI, § 158.
[2] D., l. 1, § 18. *De Sep.*
[3] D., l. 12. *De Acq.. vel omit. heret.*

L'héritier sien et nécessaire, qui entend se prévaloir du *jus abstinendi*, devra ne pas s'immiscer dans les affaires de la succession ; les jurisconsultes romains ne lui demandent rien de plus. L'esclave ne doit pas non plus s'immiscer dans les affaires de la succession ; on comprend, du reste, qu'une pareille immixtion amènerait facilement la novation ou la confusion ; mais il devra aussi se présenter devant le magistrat et obtenir la séparation par décret du préteur, après un débat contradictoire avec les créanciers de la succession.

La séparation obtenue par l'esclave n'avait pas pour effet de lui faire perdre sa qualité d'héritier. La *venditio bonorum* se faisait sous le nom de l'esclave : ainsi l'ignominie qui est attachée à la vente des biens en justice se trouvait épargnée à la mémoire du défunt. Mais le bénéfice de la séparation permet à l'esclave de conserver tout ce dont il pourra devenir propriétaire, et même ce qui lui est dû par le testateur, *sed et si quid a testatore debetur*. Ces derniers mots du texte d'Ulpien ont donné lieu à bien des commentaires. Comment l'esclave, héritier de son maître, peut-il être en même temps créancier de la succession ? S'agit-il du pécule ? Mais le pécule fait partie intégrante de la succession au même titre que les autres biens du maître. S'agit-il d'un legs de pécule ? Mais un legs ne pourra jamais être payé qu'après l'acquittement intégral des dettes et nous supposons l'hérédité insolvable. Mieux vaut se ranger à l'avis de MM. Machelard et Labbé qui pensent que la créance, tout en se rattachant à un fait antérieur à l'affranchissement, n'a pris naissance qu'à la mort du maître (¹). Peut-être le défunt a-t-il recueilli une succession à la charge de payer un legs fait sous la condition : *Si servus liber factus fuerit*. L'esclave pourrait distraire l'objet légué à son profit, s'il s'agissait d'un legs *per vindicationem*; il viendra concurremment avec les créanciers du défunt sur le prix de la *venditio bonorum*, si le legs a été fait *per damnationem*.

PÉCULE CASTRENS. — On sait que, dans le Droit romain primitif, le fils de famille était incapable d'être propriétaire et même de

---

(¹) Machelard, *Obligations naturelles*, p. 194 ; Labbé, *De la Confusion considérée comme cause d'extinction des obl...*, nᵒˢ 271-276.

posséder pour son propre compte. Pour avoir la possession dans le sens juridique du mot, la possession qui conduit à la propriété par l'usucapion, il faut le *corpus* et l'*animus*, la détention matérielle de la chose et l'intention de devenir propriétaire ; le fils, qui détient matériellement l'objet, possèdera pour le compte de son père, pourvu que ce dernier ait l'intention de devenir propriétaire. Pareillement les biens qui viennent à échoir au fils par succession, donation ou de toute autre manière, deviennent la propriété du père. Ce droit rigoureux faisait dire à Denys d'Halicarnasse : « Les Romains ne possèdent rien en propre tant que leur père est en vie. Les pères ont plein pouvoir sur les biens comme sur les corps de leurs enfants ; ceux-ci, comme les esclaves, n'acquièrent que pour leur père. » Les progrès de la législation amenèrent des adoucissements successifs à cette théorie barbare. Le texte suivant semble prouver que le pécule castrens a une origine reculée : « *Liberi nostri utriusque sexus, quos in potestate habemus, olim quidem quidquid ad eos, pervenerat, exceptis videlicet castrensibus peculiis, hoc parentibus suis adquirebant sine ulla distinctione* ([1]). » Le jurisconsulte Macer nous fait connaître la composition de ce pécule : « *castrense peculium est quod a parentibus vel cognatis in militia agenti donatum est, vel quod ipse filiusfamilias in militia adquisiit, quod nisi militaret adquisiturus non fuisset* ([2]). » M. Demangeat se demande quelle est la condition du fils de famille qui a un pécule castrens. « On ne dit pas assez quand on dit qu'il a la pleine propriété des objets qui le composent : il faut dire, que, relativement à ce pécule, il est véritablement *paterfamilias* : en effet, il peut tester, il peut agir en justice, il peut faire adition sans *jussus* préalable d'une hérédité qui s'ouvre à son profit ([3]). »

Le fils de famille, alors même qu'il était incapable de devenir propriétaire, avait le pouvoir de s'obliger. Ce point ne nous parait guère contestable aujourd'hui, et c'est en quoi la condition du fils de famille différait de celle de l'esclave : *Servus autem ex contractibus non obligatur*. Rien de plus explicite que les textes qui

([1]) Inst., *Per quas personas nobis adq.*, § 1.
([2]) L. 11. D., *De cast pec.*, 49, 18.
([3]) Demangeat, *Cours élém. de Droit romain*, t. I. p. 508.

établissent la validité des obligations contractées par le fils de
famille; ainsi la loi 39 D. *De Oblig. et Act.* nous dit : « *Filiusfamilias in omnibus causis tanquam paterfamilias obligatur,* » et la
loi 141 § 2. D., *De Verb. oblig.* ajoute : « *Pubes vero, qui in potestate est, perinde ac si paterfamilias, obligari solet.* » Si le fils de
famille, destitué de tout patrimoine, privé même du droit de
propriété, a le pouvoir de s'obliger, à plus forte raison en doit-il
être ainsi lorsqu'il est devenu un véritable *paterfamilias* relativement au pécule castrens.

Ces observations préliminaires nous conduisent à examiner la
condition des créanciers qui ont traité avec le fils de famille
devenu propriétaire d'un pécule castrens. « *Si filiusfamilias bona
cessit, qui castrense peculium habet : an separatio fiat inter cas-
trenses creditores cæterosque videamus? Simul ergo admittentur, dum-
modo si qui cum eo contraxerunt, antequam militaret, fortasse debeant
separari; quod puto probandum : ergo qui ante contraxerunt, si bona
castrensia distrahantur, non possunt venire cum castrensibus creditoribus. Item si quid in rem patris versum est, forte poterit et creditoribus contradici, ne castrense peculium inquietet, cum possit potius
cum patre experiri* (¹), »*

Cette loi a une signification bien précise.

Les créanciers, qui ont traité avec le fils de famille depuis qu'il
est sous les drapeaux, peuvent demander la séparation et se faire
payer sur tous les biens qui forment le pécule castrens préférablement à tous autres créanciers. Une pareille décision parait à
beaucoup d'interprètes trop contraire à certains principes universellement acceptés pour pouvoir être attribuée à Ulpien. N'était-ce
pas le cas de dire que celui qui s'oblige engage ses biens présents
et à venir et d'admettre le concours de tous les créanciers sans
distinction sur l'universalité du patrimoine? Nous ne pensons pas
cependant que cette loi constitue une interpolation de Tribonien.
La formule impérative du texte et la parfaite clarté des termes
ne nous permettent pas d'avoir recours à un pareil subterfuge.
Nous préférons accepter la décision telle qu'elle a été insérée au
Digeste et chercher à la justifier, si exorbitante qu'elle puisse pa-

(¹) L. 9. D., *De Sep.*

raître. Ne pourrait-on pas dire qu'Ulpien a obéi à un sentiment d'équité? Ainsi, les créanciers qui ont traité avec le fils de famille avant qu'il n'embrassât la carrière militaire connaissaient sa position; ils savaient qu'un fils de famille ne peut jamais acquérir pour lui-même, bien que l'obligation qu'il contracte soit parfaitement valable; ils ne devaient pas compter sur les ressources éventuelles et disponibles que pouvait procurer à leur débiteur la profession des armes. Au contraire, les créanciers qui ont traité avec le militaire sous les drapeaux étaient fondés à considérer le pécule castrens comme leur gage et peut-être cette considération les a déterminés à contracter avec lui. D'ailleurs, il s'agit plutôt d'une séparation entre créanciers que d'une véritable séparation de biens. Appliquées à une thèse de Droit français, ces raisons sembleraient peut-être manquer de solidité; en Droit romain, elles puisent une sérieuse valeur dans le sentiment d'équité auquel les jurisconsultes romains sacrifient bien souvent les déductions les plus rigoureuses du pur droit civil.

AFFRANCHIE. — Lorsqu'une succession acceptée par l'affranchie comprend plus de dettes que de biens, le patron peut demander la séparation des biens héréditaires et du patrimoine de l'affranchie. C'est ce qu'exprime Julien dans la loi 6, § 1, *De Sep.* : « *Si liberta heres instituta bonorum possessionem secundum tabulas petiisset ejus qui solvendo non erat : quæsitum est an bona ejus separari ab heredituriis debent. Respondit : non est iniquum succurri patrono, ne oneraretur ære alieno, quod liberta retinendo bonorum possessionem contraxerit.* » L'interprétation de ce texte présente quelques difficultés, parce que la législation qui régissait la succession des affranchis ne nous est qu'imparfaitement connue et que le jurisconsulte n'a pas eu soin de nous dire s'il s'agit d'une affranchie qui est encore vivante ou de celle dont la succession est déjà ouverte. Certains auteurs ne veulent voir dans notre texte qu'une application des actions *Calvisiana* et *Faviana*. On sait que ces actions avaient pour objet de faire rescinder les actes faits par l'affranchi en fraude des droits du patron. La *pars successionis debita patrono* a beaucoup varié dans la législation romaine. Notons en passant que les actions *Calvisiana* et *Faviana* étaient plus favorisées sous un certain rapport que l'action Paulienne : ainsi celui qui exerçait ces deux actions n'était pas tenu de prouver la complicité du cocontractant dans l'acte qui avait pour conséquence de diminuer la part légitime due au patron : « *Omne autem, quodcumque in fraudem patroni gestum est, revocatur* [1]. » On voit que le texte de Julien, s'il était une application de ces deux actions, n'aurait aucune signification précise, et de, plus, il embarrasserait l'action révocatoire de conditions qui lui sont absolument étrangères; ainsi, après l'expiration du délai de cinq ans ou même après la confusion des deux patrimoines, l'action ne pourrait plus être exercée.

La décision donnée par Julien s'appliquera facilement lorsque l'affranchie est décédée et que le patron entend se prévaloir de la séparation avant la confusion des deux patrimoines et l'expiration du délai de cinq ans. Sous l'empereur Adrien, c'est-à-dire du temps du jurisconsulte Julien, la femme ne pouvait avoir d'héritier sien; le sénatusconsulte Orphitien qui appelle les enfants à l'hérédité de la mère se place sous le règne des empereurs Marc-Aurèle et Commode; donc, si l'affranchie mourait *intestata*, le patron venait recueillir la succession en qualité d'agnat, et, d'autre part, l'affranchie qui restait toute sa vie sous la tutelle de son patron ne pouvait tester que *tutore auctore*. Par conséquent, si nous nous plaçons dans les deux conditions exprimées plus haut, le patron aura intérêt à demander la séparation. Nous croyons aussi que la séparation pouvait être demandée, du vivant même de l'affranchie, dans l'hypothèse toute spéciale de la révocation de l'affranchissement pour cause d'ingratitude: le préteur devait simplement examiner si le patron est encore dans le délai de cinq ans et si les deux masses de biens ne sont pas encore confondues.

HÉRITIER FIDUCIAIRE. — Rappelons brièvement, pour rendre plus intelligible la loi 1, § 6, *De Sep.*, les principes qui régissent la matière des fidéicommis. A l'origine de cette institution, la restitution du fidéicommis était un acte purement volontaire de la part de l'héritier. Plus tard, sous Auguste, l'obligation de restituer fut imposée aux héritiers qui avaient été institués sous la condition de conserver et de rendre à un fidéicommissaire. Mais,

____

[1] *Si quid in fraud. pat.*, l. 1, § 3, D.

l'héritier institué étant soumis aux poursuites des créanciers héréditaires, il arrivait souvent que le fiduciaire refusait de faire adition ; aussi, le sénatus-consulte Tertullien décida-t-il qu'après la
restitution de l'hérédité, toutes les actions qui, dans la rigueur du
droit civil, devaient être données pour ou contre l'héritier, seraient
exercées par le fidéicommissaire ou contre lui. L'héritier institué
repoussait la poursuite des créanciers par l'exception *restitutœ
hereditatis*. Le sénatus-consulte Pégasien voulut intéresser l'héritier d'une manière plus directe à l'acceptation du fidéicommis; il
décida que le fiduciaire pourrait garder le quart des biens de la
succession; l'héritier, comme dans le droit primitif, exerçait acti-
vement tous les droits de la succession et subissait la poursuite
des créanciers, mais il intervenait entre le fiduciaire et le fidéicommissaire des stipulations *partis et pro parte* au moyen des-
quelles ces derniers [s'obligeaient à se rendre respectivement
compte des charges et des bénéfices héréditaires. La restitution
se faisait, néanmoins, d'après les errements du sénatus-consulte
Trebellien, dans deux cas : 1° lorsque l'institué, refusant d'accepter l'hérédité, était contraint de faire adition par ordre du
préteur; 2° lorsque le quantum de la restitution ne dépassait pas
les trois quarts de l'hérédité.

L'espèce donnée par Ulpien est d'une extrême simplicité. Le
jurisconsulte suppose que l'héritier a été contraint d'accepter une
hérédité fidéicommissaire par ordre du préteur; plus tard, le
fidéicommissaire ne se présentant pas, l'héritier se trouve exposé
à toutes les conséquences de l'acceptation d'une hérédité onéreuse, et, de plus, il ne peut opposer aux poursuites des créanciers de la succession l'exception *restitutœ hereditatis :* on lui permettra de demander la séparation des patrimoines. « *Sed si quis
suspectam hereditatem dicens, compulsus fuerit adire et restituere
hereditatem, deinde non sit cui restituat, ex quibus causis solet evenire :
et ipsi quidem]desideranti succurri sibi adversus creditores heredita-
rios, subveniemus : hoc et D. Pius rescripsit, ut perindè testatoris
bona venirent, atque si adita hereditas non fuisset. Creditoribus quoque hujusmodi heredis desiderantibus, hoc idem præstandum puto,
licet ipse non desideravit : ut quasi separatio quædam præstetur* ([1]). »

([1]) L. 1, § 6, D., *De Sep.*

On peut trouver étrange, au premier abord, que l'héritier qui a
été forcé de faire adition sur la demande du fidéicommissaire,
ne trouve plus personne à qui restituer. Cela se présentera dans
deux cas. Le fidéicommissaire peut mourir dans l'intervalle de
l'adition d'hérédité et de la restitution sans laisser d'héritier.
On peut supposer également que, mieux instruit des forces de la
succession, le fidéicommissaire imprudent se cache pour éviter
les conséquences d'une restitution qui l'exposera aux poursuites
des créanciers héréditaires, car, ne l'oublions pas, la restitution
se fera, dans notre espèce, d'après le sénatus-consulte Trebellien.
Le texte ajoute que les créanciers de l'héritier fiduciaire pourraient
également se prévaloir de la séparation des patrimoines; ils ne
doivent pas souffrir de l'inertie de leur débiteur : *ubi cadem ratio,
idem jus.*

CRÉANCIERS DE L'HÉRITIER. — En principe, les créanciers de l'héritier ne peuvent demander la séparation des patrimoines contre
les créanciers de la succession. La séparation n'a été instituée
que pour protéger les créanciers contre le changement de débiteur qui résulte nécessairement de la transmission des biens par
décès. Les créanciers, qui ont traité avec un débiteur de leur
choix, ne méritent aucune protection spéciale : *Nullum remedium
proditum est, sibi imputent qui cum tali contraxerunt.* Cependant, il
peut arriver que l'héritier n'accepte une succession manifeste-
ment onéreuse que dans le but de frauder ses créanciers. Comment le jurisconsulte, dans une semblable hypothèse, arrivera-t-il
à faire fléchir la rigue   droit civil? Ulpien pense qu'il y a un
moyen, mais il l'indique en vaguement : « *Nisi si extra ordinem
putemus... Quod non facile admissum* [1]. » En présence d'un texte
aussi dépourvu de précision, les grands interprètes du Droit romain ont gardé le silence Quel est le remède auquel le jurisconsulte Ulpien a voulu faire allusion? Nous n'oserions hasarder une
solution. Peut-être la rubrique du titre autorise-t-elle à penser
que le moyen auquel on se réfère en termes si discrets et dont
l'usage sera entouré de tant de restrictions n'est autre que la séparation des patrimoines. Dans ce cas, cette institution ne ferait

---

[1] L. 1, § 5, D., *De Sep.*

pas double emploi avec l'action Paulienne : le droit à la séparation dure cinq ans, tandis que l'action Paulienne doit être exercée
dans l'année; la séparation des patrimoines s'obtient du préteur
sans qu'il soit besoin de prouver, comme dans l'action révocatoire, l'intention frauduleuse du débiteur et la complicité de son
cocontractant.

SUBSTITUTION PUPILLAIRE. — La substitution pupillaire soulève
de graves difficultés au point de vue du droit de séparation. On
sait quel était le but de cette institution. Le père de famille pouvait craindre que le fils qu'il a sous sa puissance mourût intestat,
ce qui arrivait lorsque l'enfant décédait avant l'époque de
sa puberté; aussi lui permit-on de faire le testament de son fils,
pour le cas où ce dernier viendrait à mourir impubère. Le substitué
pupillaire était l'héritier que le père donnait à son fils impubère,
mais cette institution s'évanouissait dès que le fils atteignait
l'époque de la puberté et devenait en même temps capable de tester.

Voici maintenant l'espèce proposée par Papinien dans la loi 12,
D., *De Vulgari et pupillari substitutione : « Si filius, qui patri ac postea fratri ex secundis tabulis heres extitit, hereditatem patris recuset,
fraternam autem retinere malit : audiri debet. Justius enim prætorem
facturum existimo, si fratri separationem bonorum patris conces-
serit... præsertim quod remotis tabulis secundis legitimam haberet
fratris hereditatem. »* Un père de famille a deux fils, Primus et
Secundus; Primus est institué héritier et Secundus exhérédé;
mais, comme Primus est encore impubère, le père de famille
substitue Secundus à Primus pour le cas où ce dernier mourrait
avant sa puberté. Primus meurt impubère. Secundus trouve
dans la succession de son frère l'hérédité de son père; mais l'hérédité du frère est avantageuse, tandis que celle du père lui
paraît onéreuse. Le jurisconsulte pense que le substitué pourra
faire séparer l'hérédité du père de celle de son frère. Notons cependant que la réponse de Papinien est empreinte d'une certaine
hésitation : *Justius enim prætorem facturum existimo.* La seule raison qu'il semble donner à l'appui de cette solution, c'est que le
frère, si la substitution pupillaire était frappée de nullité, viendrait à la succession de Primus en qualité d'héritier *ab intestat :
præsertim quod remotis tabulis secundis legitimam haberet fratris he-*

CHAPITRE II

Séparation de biens héréditaires.

SECTION I

PAR QUI, CONTRE QUI, SUR QUELS LA SÉPARATION PEUT ÊTRE EXERCÉE.

PAR QUI. — La séparation des patrimoines ne peut être demandée que par les créanciers du défunt. On s'explique facilement cette disposition. Lorsqu'un créancier traite avec son débiteur, c'est avec la personne de ce dernier qu'il a voulu avoir affaire et peut-être n'a-t-il traité qu'en considération de la personne; la transmission des biens par décès lui donne un débiteur qu'il n'a pas choisi, le met en présence d'un héritier souvent insolvable ou prodigue : c'est ce résultat que la séparation des patrimoines a pour objet de prévenir. Les créanciers de l'héritier connaissent la personne de leur débiteur; ils pouvaient exiger des sûretés, et, dans tous les cas, ils savaient leur débiteur libre de contracter de nouveaux engagements : *sibi imputent qui cum tali contraxerunt.* La séparation ne leur sera jamais accordée. Cette règle générale ne reçoit exception que dans les hypothèses spéciales qui ont été examinées au chapitre précédent.

La séparation des patrimoines peut être demandée à raison de certaines créances qui ne deviennent exigibles qu'après l'ouverture de la succession. Ainsi, lorsque l'exécution d'un contrat est fixée au jour de la mort ou à veille de la mort du débiteur, *cum morieris, pridie quam morieris,* l'héritier seul est susceptible d'être actionné; ces sortes de stipulations étaient valables du temps de Justinien; elles sont recueillies en quelque sorte dans le patrimoine héréditaire, et le créancier pourra légitimement demander à être payé sur les biens de la succession préférablement aux créanciers personnels de l'héritier.

Les créanciers hypothécaires auront parfois intérêt à se prévaloir de la séparation. Cela arrivera toutes les fois que l'objet affecté à leur sûreté est insuffisant pour les couvrir de l'intégralité de leur créance.

En Droit français, les créanciers conditionnels ou à terme

peuvent toujours invoquer la séparation. C'est que, dans notre droit, la séparation est une simple mesure conservatoire, non une voie d'exécution. La question soulève de sérieuses difficultés en Droit romain. Papinien accorde d'une manière positive la séparation à cette classe de créanciers : « *Creditoribus quibus ex die vel sub conditione debetur, et propter hoc nondum pecuniam petere possunt, æque separatio dabitur, quoniam et ipsis cautione communi consuletur* (1). » L'accord est loin d'être unanime entre tous les jurisconsultes. C'est, qu'en effet, la séparation des patrimoines constitue une mesure d'exécution ; elle devient une arme inutile entre les mains des créanciers si elle n'emporte avec elle l'envoi en possession des biens du débiteur. Le jurisconsulte Paul, dans la loi 6, D., pr., *quibus ex causis in possessionem eatur*, reconnaît aux créanciers conditionnels le droit de se faire envoyer en possession : « *In possessionem mitti solet creditor, et si sub conditione ei pecunia promissa sit.* » Ulpien, dans la loi 7, § 14, *eod. tit.*, donne une décision contraire : « *Si in diem vel sub conditione debitor latitet : antequam dies vel conditio veniat, non possunt bona ejus venire : quid enim interest, debitor quis non sit, an nondum conveniri possit?* » Bien plus, le jurisconsulte Paul semble revenir sur sa décision première dans le texte suivant : « *Creditor autem conditionalis in possessionem non mittitur : quia is mittitur qui potest bona ex edicto vendere* (2). » En présence de textes aussi contradictoires, notre embarras est grand, car on ne peut enlever aux créanciers conditionnels l'envoi en possession sans leur refuser en même temps la séparation des patrimoines. Chacun des interprètes du Droit romain offre un moyen de concilier ces textes : cela ne signifie nullement qu'on soit tombé d'accord sur une solution. On a dit, en premier lieu, que les deux décisions de Paul, relatées plus haut, avaient été rendues dans des espèces différentes. Ainsi la première supposerait qu'il y a des créanciers purs et simples et des créanciers conditionnels ; l'envoi en possession aurait été demandé par les premiers, et les créanciers conditionnels profiteraient de la mesure obtenue par leurs cocréanciers.

(1) L. 4, pr. D., *De Sep.*
(2) L. 11, § 2. D., *Quibus ex causis in possessionem eatur.*

Dans la loi 14, § 2, D., *Quib. ex causis in posses. eatur*, les créanciers conditionnels seraient seuls à demander l'envoi en possession et le préteur aurait dû le refuser « *quia spes est tantum debitum iri.* » Une autre interprétation, fort bizarre du reste, bien qu'elle émane du grand Cujas, consiste à dire que l'envoi en possession sera refusé aux créanciers conditionnels, mais qu'ils obtiendront la séparation des patrimoines *sine effectu*. Perrèze résume ainsi cette idée : « *Si initium spectes. creditor conditionnalis mittitur in possessionem, si effectum exitumve rei consideres, non mittitur.* » En vérité, on comprend difficilement une pareille institution et on se demande de quelle utilité sera pour les créanciers cette séparation inefficace, qui n'empêchera pas la confusion des biens et qui permettra à la prescription de s'accomplir avant l'événement de la condition. Un autre interprète du Droit romain a donné une explication plus acceptable. La première décision de Paul a été rendue d'après ce commentateur dans l'espèce d'une action de bonne foi ; le magistrat, ayant les pouvoirs les plus étendus pour interpréter l'intention des parties, et consultant plutôt les règles de l'équité que les prescriptions du pur droit civil, donne l'ordre au débiteur de fournir caution, et, sur le refus de ce dernier, l'envoi en possession a été prononcé. La seconde décision s'applique, d'après le même interprète, à une action de droit strict ; le magistrat, obligé de se conformer d'une manière rigoureuse à la lettre de la formule, a dû refuser l'envoi en possession à des créanciers simplement conditionnels. Ce commentaire, fort ingénieux à coup sûr, a le malheur d'être absolument arbitraire ; rien n'indique que le premier texte vise spécialement les actions de bonne foi et le second les actions de droit strict. Peut-être la vérité est-elle qu'en principe on doit refuser l'envoi en possession, comme, du reste, toute mesure d'exécution, aux créanciers conditionnels ; mais, dans l'hypothèse d'une demande en séparation des patrimoines, c'est-à-dire lorsqu'on est en présence d'un héritier insolvable, les créanciers, même conditionnels, courent le risque de voir compromettre leurs droits s'ils ne sont pas protégés par des moyens exceptionnellement énergiques. C'est donc probablement en vue de l'hypothèse toute spéciale de la séparation que Paul a écrit la loi 14,

D., § 2. Le préteur pourrait donc, sur le refus de l'héritier de fournir caution, prononcer la séparation et avec elle l'envoi en possession des biens héréditaires. Cette solution, bien que nous la présentions sous une forme dubitative, nous paraît assez conforme à la lettre et à l'esprit des textes.

Les légataires peuvent aussi demander la séparation des patrimoines. C'est que, en réalité, ils sont créanciers de la masse héréditaire : « *Hereditariarum actionum loco habentur et legata, quamvis ab herede cœperint* ([1]). » Les légataires sont même, sous un certain rapport, mieux traités que les créanciers; ainsi la loi 1, § 2, D., *ut legatorum et fideicommissorum servandorum causâ caveatur*, leur accorde le droit de demander caution, et, à défaut de satisdation, leur permet de se faire envoyer en possession, sans distinguer si le legs est pur et simple, conditionnel ou à terme : « *Non sine ratione hoc prætori visum est sicuti heres incumbit possessioni bonorum, ita legatarios quoque carere non debere bonis defuncti, sed aut satisdabitur eis, aut si satis non datur, in possessionem bonorum venire prætor voluit.* »

II. Contre qui. — La séparation est donnée contre tous les créanciers de l'héritier, même contre le fisc.

III. Sur quels biens. — La séparation des patrimoines frappe tous les biens mobiliers et immobiliers, corporels ou incorporels, en un mot l'universalité du patrimoine du défunt. La loi 5, D., *De Sep.* fait l'application de ce principe aux choses que l'héritier recueillerait postérieurement à l'ouverture de la succession, mais dont il n'est devenu propriétaire que grâce à sa qualité d'héritier : « *Si post impetratam separationem aliquid heres adquisierit, si quidem ex hereditate, admitti debent ad id quod adquisitum est, qui separationem impetraverunt.* »

SECTION II

DANS QUELS CAS LES CRÉANCIERS HÉRÉDITAIRES PEUVENT DEMANDER LA SÉPARATION.

Les créanciers héréditaires peuvent demander la séparation des patrimoines toutes les fois que la transmission des biens par

---

([1]) L. 40, D., *De Oblig. et act.* (44. 7).

concilier des décisions contradictoires, et on n'est parvenu qu'à
faire l'obscurité. Paul et Ulpien se placent au point de vue du
strict droit civil et leur théorie est inattaquable; Papinien se
demande ce qu'on pourrait faire pour arriver à une solution équitable, et, après avoir établi que la séparation demandée et obtenue n'empêche pas les créanciers de la succession d'être en
même temps créanciers de l'héritier, il donne aux créanciers
personnels de l'héritier un privilége sur les créanciers de la succession. Nous préférerions une logique plus sévère. Tous les
créanciers du même débiteur doivent être admis à concourir sur
les biens de ce dernier : il n'y a d'exception que pour ceux qui
sont munis d'un privilége ou d'une hypothèque.

La loi 3, D., § 1 soulève une question qui n'a aucun rapport
avec la précédente, mais qui mérite d'être signalée. « *Quid ergo,
si bonis fidejussoris separatis solidum ex hereditate stipulator consequi
non possit? Utrum portio cum cæteris heredis creditoribus ei quærenda
erit? An contentus esse debebit bonis, quæ separari maluit? Sed cum
stipulator iste, non aditâ fidejussoris a reo hereditate, bonis fidejussoris
venditis, in residuum promisceri debitoris creditoribus potuerit : ratio
non patitur eum in proposito summoveri.* » Le débiteur principal
étant devenu l'héritier de la caution, le créancier a demandé la
séparation des deux patrimoines; mais les biens de la caution
ont été insuffisants pour désintéresser le créancier; pourra-t-il
demander à être colloqué pour le surplus sur le patrimoine du
débiteur principal, concurremment avec les créanciers de ce
dernier? Le jurisconsulte se prononce pour l'affirmative, car,
dit-il, si le débiteur principal n'avait pas fait adition de l'hérédité,
le recours eût été possible. Cette décision, irréprochable au point
de vue de l'équité, soulève une objection que nous ne saurions
laisser sans réponse. Les poursuites dirigées contre le fidéjusseur
ou *litiscontestatio* ont amené une novation dans la créance :
comment donc le *stipulator* qui n'a pas été intégralement payé
peut-il avoir un recours contre le débiteur principal? Nous
répondrons avec M. Machelard (¹) que, même avant Justinien, la
litiscontestatio n'épuisait pas le droit de poursuite dans trois cas

---

(¹) Machelard, *des Oblig. nat.*, p. 361.

limitativement déterminés : 1° lorsque les biens du fidéjusseur
étaient vendus parce qu'il se cachait frauduleusement; 2° lorsque
aucun héritier ne se présentait pour recueillir la succession du
fidéjusseur; 3° lorsque l'aveu fait par le fidéjusseur dispensait le
préteur de renvoyer la cause devant un judex.

SECTION IV

DES CAUSES QUI FONT PERDRE LE DROIT DE DEMANDER LA SÉPARATION.

NOVATION. — La doctrine des jurisconsultes romains sur ce
point ne saurait être bien comprise qu'après la lecture des textes
qui suivent et qui sont empruntés tous les trois au titre *De Separationibus.* « Loi 10, D., *De Sep. : Illud sciendum est, eos demum
creditores posse impetrare separationem, qui non novandi animo ab
herede stipulati sunt, cæterum si eum hoc animo secuti sunt, amiserunt
separationis commodum; quippe cum secuti sunt nomen heredis, nec
possunt jam se ab eo separare, qui quodammodo eum elegerunt. Sed et
si usuras ab eo ea mente, quasi eum eligendo exegerunt : idem erit
probandum.* — Loi 11, *De Sep. : Item quæritur, si satis acceperunt
ab eo, an impetrent separationem? Et non puto : hi enim secuti sunt
eum forte quem movebit. Quid ergo, si satis non idoneum acceperunt?
Et sibi imputent cur minus idoneos fidejussores accepiebant.* —
Loi 15, D., *De Sep.. Si quis pignus ab herede acceperit non est ei
concedenda separatio, quasi eum secutus sit; neque enim ferendus est
qui qualiter qualiter, eligentis tamen mente, heredis personam secutus
est.* » Ces textes font naître la question suivante : est-ce bien la
novation, dans le sens rigoureux et juridique de ce mot, qui rend
irrecevable la demande en séparation des patrimoines? On l'a
soutenu, mais nous ne saurions accepter cette théorie que sous
le bénéfice d'une distinction. Cela est vrai à l'époque d'Ulpien;
cela a cessé de l'être dans la législation de Justinien. *Novatio est
primi debiti in aliam obligationem vel civilem, vel naturalem, trans-
fusio atque translatio;* ainsi, le créancier qui reçoit des intérêts,
un gage, des fidéjusseurs d'une personne autre que son débiteur,
manifeste suffisamment l'intention d'accepter un débiteur nouveau : à l'époque du jurisconsulte Ulpien, les faits relatés dans

les lois 10, 11 et 15 emportent novation par changement de débiteur. Le motif qu'on en donne est invariablement celui-ci : le créancier a clairement exprimé l'intention de choisir un nouveau débiteur, *mens eligendi*. Les conditions de la novation deviennent plus rigoureuses sous Justinien ; la volonté de nover doit être exprimée d'une manière formelle dans l'acte, en sorte que l'acceptation d'un gage, d'un fidéjusseur ou des intérêts, n'emporte point novation dans le dernier état de la législation. Les textes cités plus haut auraient dû, sans doute, être remaniés par Tribonien ; il n'en reste pas moins que, à défaut de novation, l'intention de choisir l'héritier pour débiteur fera perdre le droit de demander la séparation. Mais dans quels cas y aura-t-il *mens eligendi?* Les actes qui emportent avec eux l'intention de prendre l'héritier pour débiteur peuvent varier à l'infini ; le préteur sera juge en dernier ressort, mais, pour revenir à l'exemple cité dans la loi 11, le fait d'accepter des intérêts n'est pas par lui-même suffisamment démonstratif, il doit être accompagné de circonstances qui font présumer la *mens eligendi*. La loi 7, D., *De Sep.* nous donne un exemple bien caractéristique des règles d'interprétation qui devront être employées dans cette matière : « *Qui judicium dictaverunt heredi, separationem quasi hereditariam possunt impetrare : quia ex necessitate hoc fecerunt.* » Comment supposer, en effet, que le créancier de la succession qui actionne l'héritier manifeste clairement l'intention de le prendre pour débiteur? Contre qui l'action judiciaire pourrait-elle être exercée, sinon contre le représentant du défunt?

En principe, la séparation des patrimoines est collective, c'est-à-dire qu'elle profite à tous les créanciers de la succession. Ceux qui ont choisi l'héritier pour débiteur ne pourront néanmoins faire valoir leurs droits dans la *venditio bonorum hereditariorum*. C'est ce qu'exprime la loi 1, § 16, *De Sep.* : « *Et putem nihil eis prodesse : hos enim cum creditoribus heredis numerandos.* » Ils sont devenus créanciers de l'héritier, et, à ce titre, ils ont perdu le droit à la séparation.

Confusion. — Nous entendons parler ici de la confusion de fait, et non de la confusion de droit qui se produirait par suite de la réunion sur une seule tête de la qualité de créancier et de débiteur, de nu-propriétaire et d'usufruitier. Cette confusion n'a lieu que bien rarement pour les immeubles. « *Præterea sciendum est, posteaquam bona hereditaria bonis heredis mixta sunt, non posse impetrari separationem : confusis enim bonis et mixtis, separatio impetrari non poterit* (¹). »

PRESCRIPTION — La séparation ne pourra plus être invoquée tant sur les meubles que sur les immeubles après l'expiration du délai de cinq ans qui court du jour de l'adition d'hérédité. Cette prescription était nécessaire pour le crédit de l'héritier et pour la sécurité des tiers qui traitent avec lui.

ALIÉNATION. — Tant que la séparation des patrimoines n'est pas demandée, l'héritier peut aliéner en tout ou en partie les biens de la succession. Tel est le sens de la loi 2, D., *De Sept.* : « *Ab herede rendita hereditate, separatio frustra desiderabitur : utique si nulla fraudis incurrat suspicio. Nam quæ bond fide medio tempore per heredem gesta sunt, rata conservari solent.* » La condition imposée par le jurisconsulte pour que l'aliénation soit irrévocable, c'est la bonne foi. Qu'arriverait-il si l'aliénation avait été faite dans l'intention de soustraire aux créanciers héréditaires les biens qu'ils peuvent réclamer comme leur gage exclusif? Les créanciers de la succession auront la faculté de reconstituer le patrimoine héréditaire au moyen de l'action Paulienne: n'oublions pas que cette action exigera de leur part la preuve de la fraude et de la complicité du cocontractant. L'aliénation à titre gratuit pourra également se produire dans le temps intermédiaire qui s'écoule entre l'adition d'hérédité et la demande en séparation des patrimoines. Les créanciers de la succession obtiendront la rescision de la donation sans avoir besoin de rapporter la preuve de la complicité du donataire. Ces divers cas d'aliénation font naître une question que nous retrouverons en Droit français. La séparation pourrait-elle être invoquée sur le prix non encore payé de l'immeuble aliéné? Nous n'y verrions aucun inconvénient, car, tant que les deniers n'ont pas été versés dans la caisse de l'héritier, on peut dire avec vérité : *In judiciis universalibus pretium succedit in locum rei.*

Il semble, d'après ce qui vient d'être dit, que l'héritier pourra

---

(¹) *L.* 1, § 12, D., *De Sep.*

consentir une aliénation partielle dans les hypothèses où l'aliéna-
.on totale ne lui est pas défendue. Les empereurs Sévère et
Antonin en ont décidé autrement : « *Sciendum est autem, etiamsi
obligata res esse proponatur ab herede jure pignoris vel hypothecæ,
attamen si hereditaria fuit, jure separationis hypothecario creditori
potiorem esse eum, qui separationem impetravit : Et ita Severus et
Antoninus rescripserunt* (¹). » Peut-être ce rescrit a-t-il voulu prévenir
ces aliénations partielles hâtives qui sont moins susceptibles
d'éveiller l'attention des créanciers qu'une aliénation totale. Quoi
qu'il en soit, ce n'est pas seulement dans l'hypothèse de la séparation que l'aliénation partielle a paru plus dangereuse aux jurisconsultes romains que l'aliénation totale; la loi Julia permet au
mari d'aliéner l'immeuble dotal avec le consentement de la
femme, mais elle défend l'hypothèque dans ces mêmes conditions.

SECTION V

DE LA PROCÉDURE DE LA SEPARATIO BONORUM.

La *separatio bonorum* constitue une mesure prétorienne en
opposition avec les principes rigoureux du droit civil. Elle doit
être demandée, ainsi que nous l'avons établi plus haut, au préteur ou au président qui remplissait les fonctions du préteur
dans les provinces. Mais la séparation des patrimoines n'est elle-
même qu'un incident de la *venditio bonorum*. On ne peut donc
traiter d'un manière complète la matière de la séparation sans
donner des notions aussi exactes que possible sur cette dernière
institution. La *venditio bonorum* n'est autre chose que la vente en
masse des biens du débiteur; elle a été imaginée par le préteur
pour remplacer les mesures barbares que la loi des XII Tables
mettait à la disposition des créanciers contre le débiteur insolvable. C'est à l'occasion de la vente en masse des biens du
débiteur que se produisait la demande en séparation des patrimoines. Rien de plus logique qu'une semblable manière de pro-
céder : dès que le patrimoine de l'héritier est mis en vente, les

(¹) L. 1, § 3, D., *De Sep.*

créanciers de la succession ont intérêt à faire valoir leur droit de préférence sur tous les biens qui proviennent du défunt. La place qu'occupe le titre *De Separationibus* prouve surabondamment que les Romains voyaient dans la *separatio bonorum* une mesure d'exécution. Nous n'en voudrions d'autre preuve que le titre qui précède : *De Rebus auctoritate judicis possidendis seu vendundis*, et le titre qui suit : *De Curatore bonis dando*.

C'est un fait bien connu que la constitution primitive de la propriété chez les Romains tenait par certains côtés aux idées religieuses. On ne devenait propriétaire et on ne cédait sa propriété à un tiers qu'au moyen de certaines formules mêlées d'invocations à la divinité. La loi des XII Tables pousse si loin le respect de la propriété que, lorsqu'un débiteur est insolvable ou refuse de payer, c'est contre sa personne, non contre ses biens, que le créancier pourra exercer des mesures de rigueur. L'individu qui reconnaissait sa dette (*confessus in jure*) ou qui était condamné par le juge (*judicatus*) avait trente jours pour s'exécuter ; à l'expiration de ce délai, il devait donner satisfaction au créancier ou présenter un *vindex* qui s'engageait à payer en son lieu et place : faute par lui de remplir l'une ou l'autre de ces conditions, *addicebatur creditori*, c'est-à-dire que le créancier pouvait l'emmener chez lui et le mettre aux fers. Après un nouveau délai de soixante jours, on revenait devant le magistrat ; le débiteur insolvable devenait la propriété de son créancier qui avait le pouvoir de le tuer ou le vendre *trans Tiberim*. M. Demangeat pense que c'est après cette dernière sentence seulement que le créancier pouvait s'emparer des biens de son débiteur (¹).

La loi Pœtilia, qui remonte à la première moitié du cinquième siècle, mit fin à cette procédure barbare. M. Demangeat résume ainsi les principales dispositions de cette loi : « Un homme libre ne peut plus s'engager à fournir au créancier des *operæ serviles* faute de payement de la dette à l'échéance ; le droit du créancier non payé s'exerce seulement sur les biens du débiteur. Ceux qui, au moment où la loi est promulguée, sont déjà tenus comme *nexi*, ceux-là ne seront pas tenus aux *operæ serviles*, pourvu qu'ils

____

(¹) Demangeat, *Cours élémentaire de Droit romain*, t. II, p. 132.

fassent exactement connaître tous les biens qui leur appartiennent et qui doivent servir de gage au créancier. Enfin, la loi Pœtilia décide, en termes généraux, que personne ne pourra *in compedibus aut in nervo teneri* (être tenu enchaîné), sauf celui qui *noxam meruisset, donec pœnam lueret*. On admet, sans difficulté, que l'exception se réfère au criminel condamné à mort; en attendant le jour du supplice, il peut être retenu *in compedibus aut in nervo*([1]). » La loi Pœtilia marque un grand progrès dans la législation, puisque les poursuites, au lieu d'être exercées contre la personne, ne le seront plus désormais que sur les biens du débiteur. Il appartenait au préteur d'organiser les voies d'exécution sur les biens : c'est ce qu'il fit par la *venditio bonorum*.

Gaius nous fait connaître que la *bonorum venditio* remonte au préteur *Publius Rutilius*. Le *bonorum emptor* pourra employer l'*actio rutiliana*, ainsi nommée « *quia a prætore Rutilio, qui et bonorum venditionem introduxisse dicitur, comparata est* ([2]). » La *bonorum venditio* n'est, du reste, que l'imitation d'une institution de droit civil, *sectio bonorum*, en vertu de laquelle on vendait en masse les biens du citoyen qui encourait la peine de la confiscation, ou ceux du débiteur qui avait subi une condamnation au profit du Trésor public.

Nous n'avons guère qu'un texte qui nous permette de reconstituer d'une manière satisfaisante la procédure de la *venditio bonorum*; il est emprunté à Théophile (traduction latine de Reitz) : « *Si eveniebat ut quis multis deberet, et postea latitaret neque defensorem haberet, creditores convenientes prætorem adibant, hoc ei querentes; permittebatque eis prætor in possessione esse bonorum debitoris, erantque in eorum possessione per certos dies. His autem diebus præteritis, altera fiebat ab iis aditio, postulantibus ut sibi licentia esset unum ex ipsis constituendi qui patrimonium deberet divendere : nam quia difficile erat omnes in unum quoque die convenire, unum ex ipsis diligebant, qui magister dicebatur, et ille deinde contrahebat cum iis qui emere volebant. Fiebatque in partibus urbis illustribus proscriptio,*

([1]) Demangeat, *loc. cit.*, t. II, p. 133.
([2]) Gaius, Comment., IV, § 35.

hæc significans : Ille, debitor noster, in causam renumdationis incidit, nos creditores patrimonium hujus distrahimus : emptor qui volet adesto. Postea, paucis diebus elapsis, tertia quoque aditio fiebat, in qud permittebatur illis legem bonorum vendumdorum facere, namque porro dictæ proscriptioni hæc addebant. Emptor creditoribus (exempli gratid) in dimidiam debitorum partem respondere debet..... et postquam hic certum tempos præterierat, tunc patrimonium emptori addicebatur. » Bien qu'il résulte de ce texte que les créanciers doivent se rendre trois fois devant le préteur, nous croyons que la procédure de la *venditio bonorum* ne comprend que deux périodes bien distinctes. La première commence à l'envoi en possession et se termine à la nomination du magister; la seconde comprend toutes les mesures qui peuvent amener ou faciliter la vente en masse des biens du débiteur. Etudions séparément chacune de ces périodes. Les deux faits caractéristiques de la première sont : 1° l'envoi en possession; 2° la nomination d'un curateur aux biens. L'envoi en possession avait pour but de dessaisir le débiteur. La masse des biens était frappée d'une sorte de *pignus prætorium* au profit des créanciers. Ce droit de gage n'était pas dépourvu d'efficacité : ainsi les payements faits par le débiteur pouvaient être révoqués sur la demande des créanciers. C'est ce qu'exprime la loi 6, § 7, D., *Quæ in fraud, cred.* : « *Qui vero post bona possessa debitum suum recepit, hunc in portionem vocandum exæquandumque cæteris creditoribus : neque enim debuit præripere cæteris post bona possessa, cum jam par conditio omnium creditorum facta esset.* » On voit que la condition du débiteur après l'envoi en possession a beaucoup d'analogie avec celle du failli en Droit français. La mesure corrélative au dessaisissement, c'est la nomination d'un ou de plusieurs curateurs qui est faite par le préteur sur la désignation des créanciers. Le rôle du curateur, bien distinct à coup sûr de celui du magister, consiste à administrer la masse des biens et à exercer les actions du débiteur. Théophile ne nous dit pas le temps qui doit s'écouler entre l'envoi en possession et la nomination du magister : « *Erantque in possessione per certos dies.* » La période préparatoire de la vente s'ouvre, ainsi que nous l'avons dit, par la nomination du magister, qui est choisi parmi les créanciers et qui les représente dans toutes les opérations qui ont pour but d'arriver à la liquidation du patrimoine du débiteur. Le magister aura soin de faire apposer des affiches dans les lieux les plus fréquentés de la ville, et après un délai que Théophile ne précise pas plus que le précédent, *paucis diebus elapsis*, il se présente de nouveau devant le préteur, accompagné des autres créanciers, pour dresser le cahier des charges, *lex bonorum rendundorum*. Théophile nous fait comprendre par un exemple ce que pouvait être ce cahier des charges : « *Emptor creditoribus in dimidiam debitorum partem respondere debet.* » Quelle était la condition des créanciers qui ne se présentaient qu'après le moment où la *lex bonorum rendundorum* avait été arrêtée? Ils perdaient sans doute toute espèce de droit, car l'*emptor*, en se portant adjudicataire, n'a pris l'engagement de payer en tout ou en partie qu'un nombre de créanciers déterminé. La plupart des interprètes admettent également que la vente se faisait aux enchères publiques.

Comment se combinait la *separatio bonorum* avec la procédure dont nous venons de retracer les différentes péripéties? Suivant toute probabilité, les créanciers de la succession se présentaient devant le préteur en même temps que ceux de l'héritier et ils demandaient l'envoi en possession des biens du défunt : « *Creditores Titii contentos esse debere bonis Titii* ([1]). » Alors la procédure se scindait en deux parties; on organisait deux régimes collectifs; on nommait des curateurs différents, l'un au patrimoine de l'héritier, l'autre au patrimoine de la succession; la vente avait lieu séparément suivant les conditions stipulées dans le cahier des charges affecté à chacune des deux masses de biens. Ainsi entendue, la combinaison de la *separatio* et de la *venditio bonorum* soulève bien des questions. Lorsque l'envoi en possession a été prononcé sur la demande des créanciers de l'héritier, les créanciers du défunt peuvent-ils se prévaloir de la séparation à l'effet d'organiser une procédure distincte à leur profit? Nous n'y verrions aucun inconvénient, au moins tant que la *lex bonorum rendundorum* n'a pas été arrêtée. Supposons maintenant que les créanciers de l'héritier ne demandent pas la *missio in possessionem* :

([1]) Loi 1, § 1, D., *De Sep.*

leur inaction paralysera-t-elle le droit des créanciers de la succession qui voudraient invoquer la séparation? Nous ne le pensons pas. Les créanciers héréditaires peuvent provoquer par une demande principale la vente des biens de la succession, car la séparation a pour objet de maintenir dans leur intégrité tous les droits que ces créanciers avaient du vivant de leur débiteur.

La procédure de la *renditio bonorum* disparait avec le système formulaire. Bien des auteurs se sont demandé comment l'adoption de la procédure extraordinaire avait pu entraîner l'abolition de la *renditio bonorum*, mais tout ce qui a été écrit sur cette question a un caractère hypothétique absolument dépourvu de preuve. La nouvelle procédure d'exécution sur les biens ou *distractio bonorum*, déjà en usage du temps de la *renditio* pour épargner aux personnes illustres l'infamie de la mise aux enchères du patrimoine tout entier, consistait à vendre séparément chacun des biens jusqu'à l'entier désintéressement de tous les créanciers. Dans quelle phase de la *distractio* devait se placer la demande en séparation des patrimoines? Nous n'oserions hasarder aucune conjecture à ce sujet.

DROIT FRANÇAIS

CHAPITRE Ier

De la séparation des patrimoines et de son caractère juridique.

Le bénéfice d'inventaire a pour objet de suspendre les effets ordinaires de l'acceptation d'hérédité, c'est-à-dire la confusion du patrimoine de l'héritier avec celui du défunt. La séparation qui s'opère entre les deux masses de biens permettra à l'héritier de n'être tenu que dans la limite de son émolument. L'article 878 du Code civil organise, sous le nom de *séparation des patrimoines*, un droit similaire au profit des créanciers de la succession et l'article 2111 étend ce droit aux légataires. Ainsi, tandis que le bénéfice d'inventaire protège l'héritier contre les effets de la confusion, la séparation des patrimoines vient au secours des créanciers d'une succession qui peuvent redouter l'insolvabilité de l'héritier. La séparation leur permettra de se faire payer sur les biens de la succession préférablement aux créanciers personnels de l'héritier. L'idée de justice qui a fait naître cette institution se conçoit aisément : le créancier qui administre sagement sa fortune, qui a voulu trouver de larges garanties de solvabilité, ne doit pas souffrir de la mort de son débiteur. L'intérêt pratique de la séparation des patrimoines est considérable. Supposons que le défunt laisse 60,000 fr. d'actif et 50,000 fr. de dettes, alors que l'héritier a 20,000 fr. de biens pour un passif de 50,000 fr. ; si les patrimoines restent confondus, les créanciers, soit de la succession, soit de l'héritier, n'auront qu'un dividende de 80 p. 100; au contraire, grâce à la séparation des patrimoines, les créanciers héréditaires continueront à avoir pour gage une masse de biens plus que suffisante pour les désintéresser intégralement.

Cette matière présente de sérieuses difficultés. La définition du caractère juridique de la séparation est peut-être la plus grave de toutes, celle qui divise le plus la doctrine et la jurisprudence. Les articles 878, 879, 880 et 881 sont presque textuellement empruntés à Pothier, bien qu'on y rencontre quelques expressions qui semblent être des réminiscences de l'antique séparation de Paul et d'Ulpien. Plus tard, après un intervalle de dix mois, les rédacteurs du Code sont revenus à la séparation des patrimoines dans la discussion du titre des Priviléges et Hypothèques; ils ont introduit dans la section IV de ce titre l'article 2111, complété par l'article 2113, qui soumet ce bénéfice à la formalité de l'inscription et le qualifie de privilége. De là une controverse que de longues discussions n'ont pas encore épuisée. Les rédacteurs du Code ont-ils entendu rompre avec la tradition? Abandonnent-ils la théorie de Pothier qui leur avait servi de guide au titre des Successions? Les articles 878 et suivants, pleins de concision et d'obscurité, doivent-ils être suppléés par les articles 2111 et 2113 au titre des Priviléges et Hypothèques? Faut-il voir, en un mot, dans la séparation des patrimoines, un privilége proprement dit?

Ce serait un travail fastidieux et à coup sûr inutile que d'énumérer tous les systèmes qui ont été proposés pour résoudre cette grave question. Ces systèmes peuvent, du reste, se ramener à trois principaux: 1° le système romain; 2° celui qui considère la séparation des patrimoines comme un privilége dans l'acception la plus rigoureuse de ce mot; 3° enfin celui qui accepte, sauf de légères modifications, la théorie de Pothier.

Premier système. — Nous écarterons d'abord le système romain qui paraît presque universellement abandonné aujourd'hui. Rien de plus rigoureux que la procédure de la *separatio bonorum*. Les créanciers héréditaires refusent d'accepter l'héritier pour débiteur : *recesserunt a persona heredis* ; le patrimoine de la succession sera l'objet d'une *missio in possessionem* distincte de celle des biens de l'héritier ; le prix de la *venditio bonorum hereditariorum* est affecté au payement des créanciers héréditaires à l'exclusion des créanciers de l'héritier, en sorte qu'on a pu dire avec vérité que la séparation faisait en quelque sorte revivre le débiteur décédé. Cette fiction, éminemment protectrice des intérêts des créanciers, cadre jusqu'à un certain point avec les articles 878-881. Mais ces ressemblances consistent plutôt dans le choix des termes qui sont presque tous empruntés à la législation romaine, tandis que les contradictions qui existent sur le fond même du droit sont nombreuses et décisives. Ainsi l'article 2111 indique bien que la séparation n'a pas rompu toute espèce de rapport entre les créanciers de la succession et l'héritier; il parle, en effet, d'un droit de préférence entre les créanciers du défunt et ceux de l'héritier : c'est donc que les uns et les autres ont celui-ci pour débiteur, car on ne comprend un droit de préférence qu'entre les créanciers du même individu.

La séparation des patrimoines du Droit romain diffère par d'autres points de celle du Droit français. 1° Sous l'empire des lois romaines, la séparation des patrimoines constituait une voie d'exécution ouverte aux créanciers contre le débiteur. Au Digeste, le titre *De Separationibus bonorum* suit le titre *De Rebus auctoritate judicis possidendis* et précède celui *De Curatore bonis dando*. La séparation des patrimoines était demandée au moment de la *missio in possessionem* des biens du débiteur qui était prononcée par décret du préteur. Il est donc vrai de dire que la séparation des patrimoines faisait partie des poursuites en expropriation dirigées contre le débiteur. Sous notre code civil, il est bien certain, au contraire, que la séparation des patrimoines ne constitue pas une voie d'exécution proprement dite. 2° On peut dire également qu'en Droit français la séparation des patrimoines est individuelle et particulière quant aux personnes et quant aux biens, c'est-à-dire qu'un seul créancier peut la demander et l'obtenir sans qu'elle profite aux autres, et qu'elle peut porter sur l'universalité ou sur une partie seulement du patrimoine du défunt. A Rome, au contraire, elle était collective et générale, c'est-à-dire que les créanciers de la succession poursuivaient une demande en expropriation distincte de celle des créanciers de l'héritier et que les deux masses de biens étaient réellement séparées. 3° Enfin la durée et le point de départ de la prescription ont été changés dans notre législation moderne. Suivant la loi romaine, la demande en séparation devait être formée dans les cinq ans à dater du jour de l'adition d'hérédité, sans distinction entre les meubles et les immeubles. Elle doit l'être aujourd'hui, pour les meubles, dans les trois ans à partir de l'ouverture de la succession, et, quant aux immeubles, il n'y a d'autre prescription pour l'action en séparation que celle de l'action principale.

Nous ajouterons une dernière considération. La séparation collective, ainsi que le fait remarquer M. Blondeau (¹), offrirait les plus graves inconvénients pour l'héritier d'abord et pour les créanciers ensuite. L'héritier se verrait dessaisi de la possession des biens héréditaires et les créanciers auraient à supporter les frais d'une administration salariée que le chargé d'affaires pourrait prolonger à sa fantaisie. D'ailleurs, l'article 2146 ne dispose-t-il pas que, sous le régime du bénéfice d'inventaire, les créanciers sont soumis par exception au régime collectif? Donc admettre l'existence d'un régime collectif quand il n'est pas établi par une disposition expresse, c'est faire violence au texte et à l'esprit de la loi (²).

DEUXIÈME SYSTÈME. — C'est celui qui rencontre le plus d'adhérents dans la doctrine et dans la jurisprudence. Il consiste à dire que le législateur s'est complètement écarté de l'ancien droit et de la théorie de Pothier, que les articles 2111 et 2113 ont modifié dans leur essence les articles 878 et suivants. La séparation devient, d'après ce système, un véritable privilège avec toutes ses conséquences : inscription, droit de suite et de préférence, transformation du privilège en simple hypothèque au cas où l'inscription ne serait pas prise dans les six mois de l'ouverture de la succession.

Les arguments invoqués en faveur de ce système peuvent se ramener à trois :

1° L'article 1017 établit une hypothèque en faveur des légataires. Or, peut-on admettre que les légataires soient mieux traités que les créanciers? Cela arrivera cependant dans le système qui refuse de voir dans la séparation des patrimoines un véritable privilège. En effet, si la séparation des patrimoines ne constitue

(¹) *Traité de la séparation des patrimoines*, p. 478.
(²) Dans le sens de ce système : M. Bugnet, *Notes sur Pothier*, t. VIII, p. 221.

pas un privilége, elle sera destituée du droit de suite que les légataires peuvent toujours invoquer en vertu de l'hypothèque que leur confère l'article 1017. Dans ce même système, on arriverait à cette conséquence bizarre que l'article 2111, en qualifiant la séparation des patrimoines de privilége, aurait fait perdre aux légataires le droit de suite que leur donne l'article 1017. Tout cela, dit-on, prouve jusqu'à l'évidence que la séparation des patrimoines est un privilége dans l'acception rigoureuse de ce mot, c'est-à-dire qu'elle est munie du droit de suite et de préférence. Sans entrer plus avant dans l'explication de l'article 1017, nous répondons que les légataires seront sans doute plus favorisés que les créanciers et qu'on peut encore expliquer cette disposition d'une manière plausible. Peut-être la loi est-elle défectueuse sur ce point, mais enfin on comprend que le législateur ait voulu assurer par des moyens énergiques l'exécution des dernières volontés du défunt, protéger les légataires contre le mauvais vouloir des héritiers, qui ne sont que trop disposés à éluder les dispositions testamentaires. Du reste, les légataires seront encore mieux traités que les créanciers du défunt sous un autre rapport, car les légataires, qui reconnaissent l'héritier pour débiteur, ne perdent pas leur hypothèque sur les immeubles de la succession, tandis que les créanciers héréditaires, dans cette même hypothèse, ne pourront plus invoquer la séparation des patrimoines. Ne peut-on pas dire également que, si l'article 1017 accorde une hypothèque légale aux légataires, les créanciers auraient pu, du vivant du défunt, prendre des sûretés telles qu'une hypothèque, un droit de gage ou d'antichrèse?

2° Un argument plus sérieux est celui que fournissent les articles 2111 et 2113. L'article 2111 qualifie la séparation des patrimoines de privilége et l'article 2113 ajoute que ce privilége, lorsqu'il n'est pas inscrit dans les six mois de l'ouverture de la succession, dégénère en simple hypothèque. Il ne sera pas inutile de faire observer que nos anciens auteurs qualifiaient la séparation des patrimoines de privilége, bien qu'elle n'eût qu'une analogie fort éloignée avec le privilége proprement dit. Or, pourquoi ne pas admettre que le mot *privilége* a exactement le même sens dans l'article 2111? Est-on bien certain que cette dénomination soit attributive d'un caractère juridique spécial? Nous n'oserions aller aussi loin. Quoi ! une terminologie inexacte, défectueuse, si l'on veut, suffirait pour renverser les principes les mieux établis, elle créerait des causes de préférence entre créanciers de la même succession, elle détruirait dans ses effets la maxime : *Nemo liberalis nisi liberatus !* La place occupée par les articles 2110 et 2113 n'est guère plus significative. Le législateur ignorait encore, lors de la discussion des articles 878 et suivants, par quels moyens on porterait à la connaissance des tiers les droits qui leur sont opposables. La séparation des patrimoines doit être entourée de publicité; l'intérêt des tiers le veut ainsi : où donc l'inscription, qui organise cette publicité, pouvait-elle trouver sa place, sinon au titre des Priviléges et Hypothèques? Mais on ajoute : en supposant que votre explication de l'article 2111 soit acceptable, que faites-vous de l'article 2113? Nous répondons que cet article signifie simplement que l'inscription qui, prise dans les six mois du décès, rétroagit au jour de l'ouverture de la succession, n'a plus d'effet qu'à sa date, lorsqu'elle est prise après l'expiration de ce délai.

3° Voyez, nous dit-on, à quelles conséquences conduit le système qui se refuse à mettre la séparation des patrimoines sous la sauvegarde du régime hypothécaire. L'héritier pourra aliéner à vil prix ou céder à titre gratuit les biens de la succession : quelle sera dans cette hypothèse l'efficacité de la séparation des patrimoines? Le moyen organisé par la loi pour protéger les créanciers ne sera qu'une arme impuissante entre leurs mains, si on le suppose destitué du droit de suite. Qu'on mette en regard le droit des légataires protégés d'une manière énergique et vraiment efficace par l'article 1017! Ces considérations, si spécieuses qu'elles puissent paraître, ne nous impressionnent nullement. On doit, en effet, avoir toujours présent à l'esprit l'objet de la séparation des patrimoines : c'est d'empêcher que la mort du défunt ne devienne funeste aux créanciers en leur donnant un débiteur qu'ils n'avaient pas choisi. Aussi, tout en conservant l'héritier pour débiteur, les créanciers peuvent-ils se prévaloir de la séparation des patrimoines à l'effet d'être payés sur les biens de la succession par préférence aux créanciers personnels de l'héritier. Mais vouloir que le décès du *de cujus*, bien loin d'être préjudiciable aux créanciers, vienne encore améliorer leur position, c'est dépasser le but de la loi et fausser une institution dont l'objet est si clairement défini. Le défunt pouvait aliéner ses biens à vil prix, les donner à titre gratuit : pourquoi son héritier n'aurait-il pas les mêmes droits? Or, c'est précisément ce qui arriverait si les créanciers, qui se prévalent de la séparation des patrimoines, se trouvaient nantis de droits réels et de sûretés qu'ils n'avaient pas réclamées du vivant de leur débiteur.

Les conséquences auxquelles conduirait le système que nous venons d'exposer sont extrêmement graves et de nature à faire réfléchir la doctrine et la jurisprudence. Nous allons les énumérer aussi succinctement que possible :

1° Lorsque tous les créanciers se sont inscrits dans les six mois de l'ouverture de la succession, conformément à l'article 2111, rien n'est changé dans leur position respective. Ils sont, en effet, nantis d'un privilége dont l'effet remonte au jour de l'ouverture de la succession; ces priviléges sont de même qualité: or, *privilegiatus non habet privilegium contra æque privilegiatum.*

2° En supposant que certains créanciers se sont inscrits dans les six mois, d'autres après l'expiration de ce délai, le privilége de ces derniers dégénère en simple hypothèque (art. 2113). Les premiers inscrits prendront rang avant les derniers, conformément au principe que le privilége passe avant l'hypothèque. *Jura vigilantibus prosunt !*

3° Lorsque les légataires inscrits dans les six mois se trouvent en présence de créanciers héréditaires inscrits dans le même délai, leurs priviléges s'annihilent réciproquement et le conflit se règle conformément à la maxime: *nemo liberalis nisi liberatus.* Les créanciers seront payés avant les légataires. Mais il en sera tout autrement si des légataires se sont inscrits dans les six mois, tandis que des créanciers peu diligents n'ont pris inscription qu'après ce délai expiré. Dans cette hypothèse, la rigueur des principes veut que les légataires soient payés avant les créanciers, car le privilége prime l'hypothèque.

4° Entre les légataires et les créanciers inscrits après les six mois, la collocation se fait comme en matière hypothécaire, c'est-à-dire d'après l'ordre des inscriptions : les premiers inscrits l'emportent sur les autres.

5° Enfin les créanciers et les légataires, qui demandent la séparation, ont un droit de suite sur les immeubles aliénés par l'héritier.

Ces conséquences, auxquelles les adhérents de notre second système ne sauraient se soustraire, nous paraissent destructives des notions les plus essentielles de notre droit. En veut-on la preuve? La séparation des patrimoines se demande contre les créanciers de l'héritier (art. 878); donc elle ne peut avoir d'effet entre les créanciers du défunt, et cependant, d'après ce système, les créanciers inscrits dans les six mois primeront ceux dont l'inscription tardive aura dégénéré en simple hypothèque. La séparation des patrimoines se trouve ainsi détournée de son objet : elle va créer des causes de préférence entre les créanciers du *de cujus!* Bien plus grave encore est cette autre conséquence que les légataires pourront être payés avant les créanciers. Qui pourrait nier cependant qu'elle ne découle d'une manière logique et nécessaire du système qui voit dans la séparation des patrimoines un privilége proprement dit? Les légataires inscrits dans les six mois sont nantis d'un privilége (art. 2111); les créanciers qui ont laissé passer ce délai voient leur privilége dégénérer en simple hypothèque : donc les légataires seront payés avant les créanciers. Ainsi le titre lucratif passerait avant le titre onéreux, au mépris de la règle *nemo liberalis nisi liberatus ;* la séparation des patrimoines, bien loin d'être une sauvegarde pour les créanciers héréditaires, pourra devenir une mesure désastreuse pour eux (¹)!

Troisième système. — Nous n'hésitons pas à penser qu'il est préférable d'accepter la théorie de notre ancienne jurisprudence et de revenir à la séparation telle que la définissait Pothier, sauf les modifications qui ont été apportées par

---

(¹) Dans ce sens : MM. Hureaux, *Études sur le Code civil,* t. II, p. 111; Blondeau, *De la Séparation des patrimoines,* p. 473; Duranton, liv. xix, p. 221;

le Code. Il est remarquable, en effet, que le Code, dans les articles 878-880, reproduit presque textuellement les expressions de Pothier, et, toutes les fois qu'il entend s'écarter des théories de ce jurisconsulte, il a soin de s'en expliquer formellement. Ainsi Pothier admettait la prescription de trente ans pour les meubles comme pour les immeubles : le Code a réduit la durée de la prescription à trois ans pour les meubles, mais il a consigné cette innovation dans un article spécial. Les travaux préparatoires du Code sont à peu près muets sur la question si controversée qui nous occupe, mais M. Portalis, parlant au Conseil d'État, a pu dire sans trouver de contradiction « que la loi a maintenu la séparation telle qu'elle avait été pratiquée jusqu'à ce jour, et que pour cela il était inutile d'en développer les règles. » Peut-être les controverses qui se sont élevées au sujet des articles 2111 et 2113 n'ont-elles d'autre cause que la rédaction défectueuse de ces deux articles, aussi la législation belge, s'appropriant dans son article 39 l'article 2111 de notre Code, en a-t-elle retranché le mot *privilége*; de plus, elle n'a pas reproduit l'article 2113 en ce qui concerne la séparation des patrimoines. La séparation n'est donc, dans la législation belge, qu'un simple droit de préférence que la loi accorde aux créanciers du défunt sur les créanciers de l'héritier, préférence qui est conservée par une inscription prise sur chacun des immeubles de la succession.

Ce système, que nous croyons devoir adopter, peut se résumer dans les propositions suivantes :

1° La séparation des patrimoines n'a d'effet qu'entre les créanciers de l'héritier et ceux de la succession; ces derniers conservent la position qu'ils avaient avant le décès du *de cujus*, sans qu'elle puisse être modifiée d'une manière quelconque par la séparation.

2° Elle procure aux créanciers héréditaires le droit d'être payés sur les biens du *de cujus* avant les créanciers de l'héritier,

Genty, *De la Nature légale de la Séparation des patrimoines.* Barafort : *Traité théorique pratique de la séparation des patrimoines; Revue pratique de législation,* liv. VIII, p. 331; Nîmes, 19 février 1829; Bourges, 30 août 1832; Orléans, 22 août 1840.

sans préjudice de leur recours, en cas d'insuffisance, sur les biens personnels de l'héritier.

3° Le droit de préférence n'est pas accompagné par un droit de suite qui le protégerait contre les aliénations de l'héritier [1].

[1] En ce sens : Fouet de Conflans, sur *l'article 880*, n° 4. Aubry et Rau, sur *Zachariæ*, t. V, §619, de la troisième édition; Dufresne, *De la Séparation des patrimoines*, n° 89-91; Pont, *Des Priviléges et Hypothèques sur les articles 2106-2111*.

CHAPITRE II

Qui a droit d'exercer la séparation des patrimoines

L'article 878 accorde la séparation des patrimoines aux seuls créanciers héréditaires. C'est probablement une omission; dans tous les cas, l'article 2111, qui s'occupe de la séparation des patrimoines au point de vue de la publicité, prévoit par une disposition expresse le cas où les légataires voudront se prévaloir de ce bénéfice. Et c'est justice. Les légataires, considérés dans leurs rapports avec les créanciers personnels de l'héritier, deviennent eux-mêmes de véritables créanciers. Ainsi l'article 2111 vient compléter les articles 878 et suivants, bien qu'il n'enlève pas à la séparation des patrimoines le caractère juridique qui lui est attribué au titre des Successions. Rien n'indique, en effet, de la part du législateur, l'intention d'organiser à nouveau la séparation des patrimoines, et l'extension de ce bénéfice aux légataires n'a pas la portée qu'ont voulu lui donner certains auteurs dans l'intérêt d'un système que nous avons cru devoir rejeter. Le législateur, au titre des Priviléges et Hypothèques, revient sur certaines dispositions du titre des Successions à l'effet de porter à la connaissance des tiers les droits qui leur sont opposables : quoi de plus naturel et de plus logique? Si l'article 2111 avait changé le caractère juridique de la séparation des patrimoines, il s'en expliquerait autrement que par une énonciation sans portée; d'ailleurs, l'article 2103, dans l'énumération qu'il fait des priviléges, a omis de mentionner la séparation des patrimoines : c'est à coup sûr la preuve la plus concluante que l'on puisse donner à l'appui de notre thèse.

SECTION I

DES CRÉANCIERS

La séparation des patrimoines ayant pour objet de sauvegarder les intérêts des créanciers de la succession contre les créanciers

de l'héritier, on comprend qu'elle puisse être demandée par tous
ceux qui, à un titre quelconque, sont créanciers de la succession.
Si l'on devait se tenir à la lettre de l'article 878 qui se lie par sa
contexture grammaticale à l'article 877, il semblerait que les
créanciers munis d'un titre exécutoire seront seuls admis
au bénéfice de la séparation : *ils peuvent*, nous dit l'article 878;
le pronom *ils* désigne logiquement le sujet de l'article précédent;
or, l'article 877 ne parle que des créanciers ayant un titre exécutoire. Mais il n'y a là qu'une inexactitude de rédaction, et les
auteurs sont unanimes à reconnaître que tous les créanciers,
munis d'un droit contre le défunt. peuvent invoquer la séparation des patrimoines. Pas de distinction à faire, à ce sujet,
entre les créanciers chirographaires, hypothécaires ou privilégiés :
tous ont un droit égal à la séparation.

L'intérêt des créanciers chirographaires est manifeste. « Le
droit de séparation, disait Domat, est indépendant de l'hypothèque, et les créanciers chirographaires peuvent la demander, car
le simple effet de leur créance les fait préférer sur les biens de
leur débiteur aux créanciers de son héritier envers qui le défunt
n'était pas obligé. »

La question de savoir s'il y a utilité pour les créanciers hypothécaires à demander la séparation des patrimoines était controversée dans l'ancien droit. Lebrun tenait l'affirmative. Pothier
cherche à établir la négative : « Le droit de séparation est
inutile aux créanciers hypothécaires dans les coutumes où les
meubles sont susceptibles d'hypothèque et dans nos coutumes,
lorsque la succession n'est composée que d'immeubles; la raison
est que l'action hypothécaire qu'ils ont leur suffit pour être payés
sur ces biens, à l'exclusion des créanciers de l'héritier qui ne
peuvent être mis en ordre d'hypothèque sur les biens qu'après
tous les créanciers hypothécaires du défunt; car l'héritier, leur
débiteur, n'ayant leurs biens qu'à la charge des hypothèques des
créanciers du défunt, n'a pu les hypothéquer à ses propres créanciers que sous cette charge; il n'a pu leur donner d'hypothèque
qu'après celles des créanciers du défunt (¹). » Aujourd'hui, en pré-

---

(¹) Pothier, *Des Succ.*, ch. V, art. 1.

sence de l'article 2151, la question n'offre plus de difficulté et la solution de Lebrun doit prévaloir sur celle de Pothier. Si les créanciers n'ont qu'une hypothèque spéciale ou un privilége restreint à certains objets, le bénéfice de la séparation leur donnera un droit de préférence général sur la totalité des biens de la succession. Ce droit de préférence sera indispensable pour qu'ils puissent se faire payer sur la masse des biens de tout ce qui leur est dû : ainsi, par application de l'article 2151, le créancier inscrit pour un capital produisant intérêt ou arrérage n'a droit d'être colloqué que pour deux années et l'année courante au même rang d'hypothèque que pour son capital; le créancier qui demande la séparation des patrimoines sera colloqué pour la totalité de sa créance préférablement aux créanciers personnels de l'héritier.

Certains créanciers de la succession, par la nature même de leur créance, n'ont jamais eu de titre, les médecins, les pharmaciens, les fournisseurs; nous pensons toutefois qu'ils pourront demander la séparation concurremment avec ceux qui sont porteurs d'un titre. La seule difficulté qui puisse s'élever en ce qui les concerne sera d'établir, par les moyens de la loi, l'existence et la validité de leurs créances.

Les créanciers de rentes perpétuelles ou viagères dues par le défunt jouissent également du bénéfice de la séparation des patrimoines; ne sont-ils pas, en effet, créanciers au même titre que ceux qui ont droit à des capitaux certains et actuellement exigibles? Il n'y aura de changé que le mode de recouvrement des créances; on pourra prendre un capital sur les valeurs héréditaires et l'affecter spécialement au payement des intérêts et arrérages, au fur et à mesure de leurs échéances : ce capital devra être remis à la caisse des dépôts et consignations ou laissé, suivant les cas, aux mains d'un adjudicataire.

Nous avons cherché à établir, non sans quelque difficulté toutefois, que le Droit romain accorde la séparation aux créanciers à terme ou conditionnels. Pareille controverse ne saurait s'élever en Droit français. La séparation des patrimoines n'a pas, en effet, pour but exclusif de contraindre le débiteur à un payement actuel et immédiat; ce n'est, dans beaucoup de cas, qu'une mesure conservatoire ayant pour objet d'assurer un payement à venir : or, l'article 1180 accorde aux créanciers conditionnels ou à terme toutes les mesures conservatoires qui peuvent assurer le payement de la créance à l'échéance du terme ou à l'événement de la condition. Qu'arriverait-il si cette classe de créanciers se trouvait exclue du bénéfice de la séparation ? C'est que les créanciers conditionnels ou à terme subiraient le concours des créanciers personnels de l'héritier : or, nous savons que la séparation des patrimoines a précisément pour but d'empêcher que la mort du débiteur ne devienne préjudiciable à ses créanciers. Quant aux moyens d'assurer le payement de ces créances, ils sont multiples et laissés à l'appréciation des tribunaux; que le créancier conditionnel soit autorisé à toucher le montant de sa créance sous l'obligation valablement cautionnée de restituer ce qu'il aurait reçu en cas d'inacomplissement de la condition, qu'il ne reçoive qu'une collocation conditionnelle, alors que les créanciers de l'héritier seraient payés en donnant caution de rapporter pour le cas où l'événement de la condition viendrait à se réaliser, ces décisions, quelles qu'elles soient, nous paraissent à l'abri des censures de la Cour de cassation. Nous croyons cependant, malgré l'autorité de certains auteurs (¹), que l'on ne peut étendre le bénéfice de l'article 807 à la séparation des patrimoines, et autoriser les créanciers conditionnels ou à terme à exiger de l'héritier bonne et valable caution; ce serait dépasser les limites de l'interprétation et appliquer à la séparation des patrimoines les règles spéciale au bénéfice d'inventaire.

Le créancier garanti par une caution obtiendra, sans difficulté, la séparation. Il a voulu avoir des garanties accessoires: en quoi cela peut-il modifier la nature de son droit? Les renonciations sont de droit étroit, et il serait tout au moins bizarre que le fait de prendre des précautions contre son débiteur emportât déchéance d'un bénéfice que tout débiteur tient des dispositions générales de la loi.

Le créancier du défunt, devenu son héritier pour partie, peut-il demander la séparation pour le surplus? Il n'est pas douteux que

---

(¹) Dufresne, *De la Séparation des patrimoines*, p. 14; Blondeau, *idem*, p. 478, notes; Barafort, *idem*, p. 41.

la confusion qui s'est opérée sur la tête du créancier ne soit proportionnelle à la part qu'il recueille dans la succession ; pour le restant de la créance, son droit subsiste contre les autres héritiers et avec lui le bénéfice de la séparation.

Mais le débiteur principal peut devenir héritier de la caution. Le cautionnement se trouve éteint dans les rapports du débiteur principal et de la caution ; cette extinction ne saurait toutefois préjudicier au créancier qui avait la caution pour obligée et qui peut avoir intérêt à empêcher la confusion des patrimoines : le débiteur principal est peut-être obéré, les charges de son patrimoine dépassent la valeur de ses biens. En vertu de quel principe les créanciers du débiteur principal s'opposeraient-ils à ce que le créancier, qui a voulu la garantie d'un cautionnement, se fît payer sur les biens de la caution préalablement aux créanciers du débiteur principal devenu héritier? Domat ajoute avec raison : « Ce qui est dit pour le cas où le débiteur succède à sa caution aurait lieu de même, à plus forte raison, dans le cas où la caution succéderait au débiteur. Et le même créancier, qui peut demander la séparation des biens du fidéjusseur contre les créanciers du débiteur qui lui succède, peut demander sans doute la séparation des biens du débiteur envers les créanciers du fidéjusseur héritier du débiteur. » Cela est vrai jusqu'à l'évidence. En effet, le fidéjusseur peut avoir plus de dettes que de biens ; le débiteur principal, son héritier, est parfaitement solvable, mais les créanciers de la caution vont peut-être absorber tout son patrimoine : dès lors, les créanciers du débiteur principal ont intérêt à se faire payer avant les créanciers de la caution.

On peut supposer une hérédité passant successivement à plusieurs personnes ; Secundus a succédé à Primus, Tertius à Secundus ; dans cette hypothèse, les créanciers de Primus peuvent se prévaloir de la séparation des patrimoines contre les créanciers de tous les héritiers ; quant aux créanciers de Secundus, ils useront du même droit à l'encontre des créanciers de Tertius, mais non contre ceux de Primus. Ce résultat est la conséquence du principe que les créanciers de l'héritier ne peuvent jamais invoquer la séparation contre les créanciers du défunt. Domat enseigne cette doctrine qui était, nous le savons, déjà suivie en Droit romain : « *Primi quidem creditores adversus omnes impetrare possunt separationem, Secundi creditores adversus Primi non possunt, adversus Tertii possunt.* » (Loi 1, 8, D., *De Sep.*)

L'idée que la séparation des patrimoines a pour objet d'empêcher que le décès du débiteur ne devienne préjudiciable à ses créanciers nous permettra sans peine de résoudre l'intéressante espèce qui suit. Un enfant ayant succédé à sa mère d'abord et à son père ensuite, la confusion, qui s'est opérée sur sa tête, éteint l'action en reprise qu'il pouvait avoir du chef de sa mère contre le père vivant ; mais les créanciers de la mère ont intérêt à exercer cette action, car, subissant le concours des créanciers du père, ils s'exposent à ne recevoir qu'un dividende, alors que la succession de la mère eût suffi pour les désintéresser entièrement. Ils pourront invoquer la séparation des patrimoines. Ce résultat, il faut le reconnaître, n'est pas universellement accepté ; certains auteurs font observer que la confusion est un mode d'extinction des obligations : ils en concluent que, dans l'espèce précédente, l'enfant qui succède à sa mère est censé s'être payé à lui-même les sommes dont il était créancier du chef de sa mère. Pour nous, l'assimilation que l'on prétend faire de la confusion avec la compensation et le payement est de tout point inacceptable ; le payement et la compensation sont de véritables modes d'extinction des obligations ; bien moindre est l'énergie de la confusion qui constitue plutôt une impossibilité de payer qu'un véritable payement : *confusio potius eximit personam ab obligatione quam extinguit obligationem.* Aussi les effets de la confusion doivent-ils être restreints le plus possible. Sans doute les deux qualités de créancier et de débiteur ne peuvent coexister sur la tête de l'enfant ; mais cette impossibilité n'existe plus au regard des créanciers de la femme, qui continueront à exercer les actions en reprise dont cette dernière pouvait se prévaloir à l'encontre de son mari.

Dans les différentes espèces qui ont été examinées, nous avons toujours supposé qu'il s'agissait d'une succession ordinaire. Mais ne faudrait-il pas accorder le bénéfice de séparation aux créanciers d'une universalité qui, par une raison quelconque, se trouve réunie à une autre universalité ? Nous ne le pensons pas : la séparation des patrimoines est un privilége, restreint sans doute, au droit de préférence, mais, si imparfait qu'il soit, nous croyons qu'on doit le limiter aux cas expressément prévus par la loi. La question de savoir si les créanciers d'une communauté entre époux jouissent, comme ceux d'une succession, du bénéfice de la séparation des patrimoines, a été résolue dans le sens de l'affirmative par un arrêt de la Cour de cassation du 13 novembre 1844 (Dalloz, 1845, 2, 34). Nous ne saurions admettre cette solution, qui demande un examen attentif, à cause des conséquences qu'elle entraînerait dans la pratique. Deux hypothèses peuvent se présenter : la communauté est dissoute par la mort de la femme ou bien par une autre cause quelconque, la mort du mari ou la séparation de biens. Dans la première hypothèse, on distingue trois masses de biens : 1º la part de la femme dans la communauté; 2º les biens propres de la femme; 3º le patrimoine des héritiers de la femme. Que les créanciers de la femme puissent demander la séparation avec la troisième masse de biens, rien de plus naturel. Il devient plus difficile de savoir si les créanciers de la communauté ont la faculté de se faire payer sur la part de la femme dans la communauté préférablement à ceux qui n'ont que la femme pour obligée. La raison de douter, c'est que la loi semble donner à la communauté une personnalité propre qui la distingue du patrimoine des deux époux : communauté, créances de la communauté, récompenses dues à la communauté. Ne semble-t-il pas, du reste, que la femme vient prendre sa part dans la communauté comme un véritable successeur? Elle était étrangère à la communauté du vivant de son mari et ce dernier avait sur les biens communs les pouvoirs les plus étendus, sauf quelques restrictions en ce qui concerne les aliénations à titre gratuit. Elle a, de plus, par ses représentants dans l'espèce que nous discutons, le droit de faire inventaire des biens de la communauté et de n'être tenue que jusqu'à concurrence de son émolument, ce qui l'assimile presque à un héritier bénéficiaire. Cette argumentation, si spécieuse qu'elle soit, ne nous paraît nullement concluante. 1º Et d'abord, nous pensons que la communauté ne constitue pas une personne morale distincte de celle des époux : on n'expliquera pas, en effet, comment la communauté peut disparaître si complétement que les créanciers n'ont plus d'action que contre chacun des époux.

Quand la loi se sert de ces expressions : *communauté, créances de la communauté, récompense due à la communauté*, elle entend désigner non pas un être moral distinct, mais les époux eux-mêmes ayant en cette qualité des intérêts collectifs opposés aux intérêts individuels de chacun d'eux ; ces expressions lui rendent plus facile le réglement des intérêts, et, en leur assignant une personnalité apparente, elle empêche les époux de se faire des libéralités irrévocables prohibées par l'article 1096. L'article 1402 vient à l'appui de notre argumentation : aux termes de cet article, le produit des coupes de bois faites sur les immeubles appartenant à l'un des époux tombe en communauté ; mais si le mari néglige de faire une coupe et que la dissolution du mariage arrive, l'époux propriétaire de l'immeuble doit récompense de la valeur de cette coupe à la communauté. Ce résultat ne se produirait pas si la communauté était une personne morale ayant un usufruit, car, l'article 585 est formel sur ce point, c'est par la perception que l'usufruitier acquiert les fruits, et ceux qui sont encore pendants par branches et par racines à la fin de l'usufruit appartiennent au nu-propriétai: 2° On peut signaler de nombreuses différences entre l'héritier bénéficiaire et la femme qui, faisant inventaire, n'est tenue que jusqu'à concurrence de son émolument. Celle-ci est fondamentale : l'héritier bénéficiaire n'est pas propriétaire des biens de la succession, ou du moins il n'en a pas la libre disposition, il n'en a que l'administration, ses créanciers ne peuvent se faire payer sur les biens de la succession qu'après l'entier désintéressement des créanciers héréditaires, tandis que la femme commune qui a fait inventaire, bien qu'elle ne soit tenue que dans la limite de son émolument, est complétement propriétaire des biens recueillis dans la communauté et peut en disposer comme elle l'entend, sans encourir aucune déchéance. La solution que nous venons de donner à la première hypothèse nous servira à résoudre la seconde ; quand la communauté se trouve dissoute par une autre cause que la mort de la femme, la séparation de biens par exemple, il n'y a plus que deux masses de biens, les biens propres de la femme et les biens de la communauté. Or, nous venons de voir qu'il n'y a pas là deux patrimoines susceptibles d'être séparés l'un de l'autre.

Les créanciers d'une société formant une personne morale distincte de celle des associés (art. 529 C. civ.) peuvent demander la séparation des patrimoines, mais ils n'y ont aucun intérêt. Les créanciers d'une société qui ne forme pas une personne morale, d'une société civile ou d'une société en participation, ne seraient pas admis à se prévaloir de ce bénéfice.

Nous ne nous arrêterons pas sur la disposition de l'article 881 d'après laquelle les créanciers de l'héritier ne peuvent demander la séparation des patrimoines; c'est l'application pure et simple de la maxime romaine : *Licet alicui, adjiciendo sibi creditorem, creditoris facere deteriorem conditionem.* Les créanciers de l'héritier se trouvent dans une situation bien autre que ceux de la succession, puisqu'ils continuent à avoir pour débiteur la personne qu'ils ont choisie. Mais il peut arriver que l'héritier accepte une succession évidemment onéreuse dans l'intention de nuire à ses créanciers. Dans cette hypothèse, Lebrun et Pothier accordaient aux créanciers une action révocatoire de l'acceptation frauduleuse. Cette solution nous semble préférable à celle qui permettrait aux créanciers lésés d'exercer la séparation des patrimoines en violation manifeste de l'article 881. « Si un débiteur insolvable, dit Pothier, acceptait une succession notoirement mauvaise, de manière qu'il parût qu'il l'a fait en fraude de ses propres créanciers, je pense que ce serait le cas auquel les créanciers pourraient demander la séparation de ses propres biens d'avec ceux de la succession, en faisant rescinder cette acceptation et l'obligation contractée par leur débiteur en fraude de leurs créances envers les créanciers de la succession. Car tout ce qu'un débiteur fait en fraude de ses créanciers peut être rescindé, même les obligations qu'il contracte. La loi IIIe, D., *Quæ in fraudem*, y est formelle. *Sive se obligavit fraudandorum creditorum causd, vel quodcumque aliud facit in fraudem creditorum, palam est edictum locum habere* » (¹). Nous n'hésitons pas à penser que c'est le cas d'appliquer l'article 1167 qui reproduit la règle : *quæ in fraudem creditorum.* L'article 788 qu'invoquent les partisans de la thèse contraire ne nous paraît nullement concluant en cette matière.

______

(¹) *Des Successions*, chap. V, dernier paragraphe.

Sans doute cet article porte que les créanciers de celui qui renonce au préjudice de leurs droits peuvent se faire autoriser à accepter la succession du chef de leur débiteur, mais il ne dit pas un mot en faveur des créanciers de celui qui accepte en fraude de leurs droits. Néanmoins, le cas où le débiteur accepte une succession en fraude du droit de ses créanciers rentre si bien dans l'article 1167, c'est une application tellement simple de l'action Paulienne, que le Code n'a pas cru utile d'édicter une disposition expresse à ce sujet; au contraire, ne pas s'expliquer sur le débiteur qui renonce à une succession en fraude du droit de ses créanciers, c'était accepter implicitement la théorie romaine d'après laquelle celui qui ne diminue pas son patrimoine, mais néglige simplement de s'enrichir, ne peut être atteint par l'action Paulienne : *Pertinet enim edictum ad diminuentes patrimonium suum, non ad eos qui id agunt ne locupletentur.* La décision romaine, qui se conciliait parfaitement avec la théorie de l'adition d'hérédité, ne se comprend plus en Droit français, où l'héritier saisi, qui renonce à une succession avantageuse, ne néglige pas seulement de s'enrichir, mais s'appauvrit véritablement. L'article 788 n'a eu d'autre objet que de mettre cette idée en lumière. On ne saurait donc en tirer parti dans la question qui nous occupe. Faisons observer en terminant que les créanciers qui voudront faire rescinder l'acceptation que leur débiteur aurait faite d'une succession onéreuse devront prouver : 1° l'intention frauduleuse du débiteur; 2° le préjudice qu'ils éprouvent.

SECTION II

DES LÉGATAIRES.

L'action en séparation des patrimoines appartient, comme nous l'avons vu, aussi bien aux légataires qu'aux créanciers. L'article 2111 est formel à cet égard. Toutefois les légataires n'useront que bien rarement de ce bénéfice à cause de la nature même de leur droit; les légataires universels ou à titre universel, étant *loco heredum*, n'auront rien à redouter de l'héritier réservataire, puisque (art. 883) ils sont censés avoir toujours été propriétaires des biens qui forment leur lot. La séparation ne présente également aucune utilité pour les légataires d'un corps certain. On ne peut guère citer que les légataires de sommes d'argent ou de choses *in genere* qui aient intérêt à se servir de notre action.

Ici se présente une controverse qui divise encore les auteurs et qui peut entraîner dans la pratique les plus graves difficultés. L'article 1017 a-t-il créé au profit des légataires une véritable hypothèque? Dans le cas où cette hypothèque existerait, comment peut-elle se combiner avec la séparation des patrimoines? Nous sommes loin de contester la valeur des objections soulevées par les auteurs, qui ont voulu remonter aux sources de l'article 1017; on en jugera par la note 24 du § 722 de MM. Aubry et Rau que nous reproduisons dans sa partie la plus substantielle : « La question de savoir quelle était la nature de l'hypothèque des légataires formait autrefois l'objet d'une vive controverse dans les pays coutumiers. Renusson (*Traité des propres*, ch. III, section vii, n°s 10 et suivants) et d'autres auteurs par lui cités n'admettaient point en faveur des légataires une véritable hypothèque légale, et leur accordaient seulement une hypothèque *ex testamento*, lorsque le testament était authentique. Mais la grande majorité des auteurs, se fondant sur les dispositions de la loi première du Code, qu'ils soutenaient avoir été adoptée en Droit français, attribuaient aux légataires une hypothèque légale, et par cela même indépendante de la forme testamentaire. Une seconde controverse, commune aux pays de droit écrit et de droit coutumier portait sur le point de savoir si l'hypothèque dont jouissaient les légataires leur donnait le droit de poursuivre hypothécairement les héritiers pour le tout, ou jusqu'à concurrence seulement de la portion pour laquelle ces derniers étaient personnellement tenus des legs. La première opinion avait été adoptée par Lebrun, Ricard et Pothier. La commission de rédaction, voulant décider cette double controverse, avait inséré au titre des Donations et Testaments deux articles ainsi conçus : « Article 99. Les héritiers ou débiteurs d'un legs sont personnellement tenus de l'acquitter, chacun au prorata de la part et portion dont ils profitent dans la succession. Ils en sont tenus hypothécairement pour le tout, jusqu'à concur-.

rence de la valeur des immeubles de la succession dont ils sont détenteurs. Article 100. L'hypothèque des légataires est légale; elle résulte de la donation valablement faite, même sous signature privée, dans les formes ci-dessus indiquées. » La disposition de ce dernier article, qui se trouvait en opposition avec l'article 42 du titre des Hypothèques, portant : « Les dispositions testamentaires reçues par acte authentique n'emportent hypothèque que du jour du décès, » fut supprimée par la section de législation du Conseil d'État. (Locré, *leg.*, VI, p. 242 et 243, art. 88, 89 et 90.) De ce qui précède, il résulte clairement que la commission de rédaction, en proposant l'article 99 ci-dessus transcrit, et, à plus forte raison, la section de législation, en adoptant cet article qui est devenu le 1017e du Code, ont eu bien moins en vue de conférer une hypothèque aux légataires, que de déterminer la nature de celle qu'elles supposaient devoir leur être accordée conformément au droit ancien, et d'en déterminer les effets relativement aux héritiers. Or, la supposition dans laquelle avait été rédigé cet article ne s'est point réalisée. On ne trouve, en effet, au titre des Hypothèques, aucune disposition qui établisse, explicitement ou implicitement, au profit des légataires, une hypothèque quelconque. Il y a mieux, le rapprochement de l'article 2121, qui ne range pas les legs au nombre des créanciers jouissant d'une Hypothèque légale, et l'article 2111, qui place les légataires sur la même ligne que les créanciers, en ce qui concerne la séparation des patrimoines, démontre que les premiers n'ont, comme les seconds, d'autre droit de préférence à exercer que celui qui résulte de cette séparation. Les considérations que nous venons de présenter sont d'autant plus concluantes, qu'on ne peut supposer que l'absence, au titre des Hypothèques, de toute disposition relative à l'hypothèque des légataires soit le résultat d'un oubli, puisqu'il existait dans le projet de ce titre, présenté par la commission de rédaction, un article qui, s'occupant spécialement de cette hypothèque, devait rappeler la question à l'attention du Conseil d'État et le mettait ainsi en demeure de s'expliquer à cet égard. Nous ajouterons qu'on ne peut pas plus considérer les expressions de l'article 1017, « hypothécairement pour le tout » comme attributives d'une hypothèque légale aux légataires, qu'il n'est permis de voir dans les mêmes expressions dont se sert l'article 873 la concession d'une pareille hypothèque au profit des créanciers. »

Nous soutenons, contre MM. Aubry et Rau, que l'article 1017 confère aux légataires une véritable hypothèque légale, car, malgré les articles 100 du titre des donations et 42 du titre des Priviléges et Hypothèques, qui lui donnaient un sens plus précis, cet article n'en subsiste pas moins dans sa forme dispositive. Les articles précités n'ont pas été reproduits dans le Code, mais la contradiction qui existait entre eux explique surabondamment cette suppression. L'article 100 du titre des donations conférait l'hypothèque à tous les légataires, même à ceux qui n'avaient été institués que par testament sous signature privée; l'article 42 du titre des Priviléges et Hypothèques ne l'accorde qu'à ceux dont l'institution a été faite en la forme authentique : deux dispositions aussi contradictoires ne pouvaient coexister dans une législation bien faite.

L'article 1017 n'est pas sans objet, ainsi que le disent nos éminents auteurs, car le légataire, agissant en vertu de l'action hypothécaire, aura un droit indivisible sur tous les immeubles de la succession, tandis que l'article 2111 ne lui confère qu'un droit de préférence sur les biens de chacun des cohéritiers qui ne peuvent être poursuivis que proportionnellement à la part qu'ils recueillent dans la succession. Ce droit de préférence est donc parfaitement divisible. Mais, dans le système que nous avons adopté, il y a une différence bien plus essentielle entre l'hypothèque légale des légataires et le droit de préférence qui leur est conféré par l'article 2111 ; en effet, l'action hypothécaire est munie d'un droit de suite, tandis que celui qui exerce la séparation n'a qu'un simple droit de préférence.

Comment peut-on expliquer, nous dit-on, les mots « hypothécairement pour le tout » de deux manières différentes dans les articles 873 et 1017 ? Cette prétendue contradiction est bien facile à résoudre. L'article 873 dispose « que les héritiers sont tenus des dettes et charges de la succession, personnellement pour leur part et portion virile, et hypothécairement pour le tout » l'article suppose donc des créanciers chirographaires d'une part et des créanciers hypothécaires de l'autre ; or, bien que les dettes se divisent de plein droit entre tous les héritiers, il est conforme aux principes les plus élémentaires que le créancier, muni d'un titre hypothécaire, puisse suivre son gage entre les mains de l'héritier, comme il pourrait le faire entre les mains d'un tiers acquéreur. Mais comment supposer l'existence d'une convention hypothécaire antérieure en matière de legs ? Le légataire aurait-il, par hasard, pris hypothèque sur les biens de son bienfaiteur, du vivant de ce dernier ? La chose est absurde et impossible. Donc les mots « hypothécairement pour le tout » ne peuvent rien signifier dans l'article 1017, s'ils ne confèrent aux légataires une hypothèque légale.

Nous ne nous arrêterons pas aux considérations déjà développées et qui expliquent assez judicieusement, suivant nous, les motifs qui ont amené le législateur à donner aux légataires le droit hypothécaire qui a été refusé aux créanciers. Abordant la dernière objection qui peut être faite à notre système, nous pensons que, si l'article 2121, dans l'énumération qu'il fait des hypothèques légales, ne mentionne pas celle des légataires, on n'y doit voir ni une omission ni une raison déterminante pour supprimer la disposition si formelle de l'article 2121. L'article 1017 n'a pas énuméré toutes les hypothèques légales ; MM. Aubry et Rau le reconnaissent implicitement, puisqu'ils considèrent comme telle l'hypothèque que l'article 490 du Code de commerce, combiné avec l'article 517 du même Code, accorde aux créanciers d'un failli (¹). Au reste, qu'était-il besoin d'une mention spéciale dans l'article 2121 ? Le dispositif que l'on cherche et qui crée l'hypothèque légale des légataires se trouve dans l'article 1017.

Notre démonstration serait incomplète si nous ne faisions ressortir les avantages respectifs que présentent l'hypothèque légale de l'article 1017 et la séparation des patrimoines. Ces deux actions ne font nullement double emploi et il peut y avoir utilité pour le légataire à se servir tantôt de l'une, tantôt de l'autre, ou cumulativement des deux à la fois. On pourra s'en convaincre quand nous aurons signalé les différents effets que produisent ces deux institutions.

(¹) T. II, p. 664-666 (3ᵉ édition).

1° La séparation des patrimoines porte sur les meubles et sur les immeubles; l'action hypothécaire de l'article 1017 n'atteint que les immeubles.

2° La séparation des patrimoines rétroagit au jour de l'ouverture de la succession, quand l'inscription est prise dans les six mois du décès (art. 2111). A ce point de vue, la séparation des patrimoines est supérieure à l'hypothèque légale qui ne produit d'effet qu'à la date de son inscription.

3° La séparation des patrimoines, dans l'opinion que nous avons soutenue, ne fait pas obstacle à la division des dettes du défunt; chaque héritier ne pourra être poursuivi que proportionnellement à la part pour laquelle il représente le défunt. Le légataire, agissant en vertu de l'article 1017, aura la faculté de poursuivre l'héritier détenteur d'un immeuble hypothéqué pour une part plus forte que celle qu'il est tenu de supporter définitivement. L'action de l'article 1017 est donc indivisible, comme toute action hypothécaire, tandis que l'action en séparation des patrimoines est parfaitement divisible.

4° La séparation des patrimoines ne donne pas un droit de suite. L'action hypothécaire de l'article 1017 confère aux légataires un droit de suite.

5° La séparation des patrimoines se perd par la novation spéciale de l'article 879. Le légataire, agissant en vertu de l'article 1017, n'encourt aucune déchéance en acceptant l'héritier pour débiteur.

CHAPITRE III

Des biens sur lesquels la séparation des patrimoines peut être exercée.

La séparation des patrimoines peut s'exercer sur les biens de toute nature qui dépendent de la succession et qui se trouvent entre les mains de l'héritier à titre de valeurs héréditaires. Lebrun disait : « La séparation comprend toutes sortes de biens (¹). » Cela s'étend par conséquent à tous les biens de la succession, mobiliers ou immobiliers, corporels ou incorporels. Ainsi, d'après le principe que nous venons de poser, la séparation des patrimoines pourra atteindre non-seulement les immeubles de la succession qui auraient été hypothéqués par l'héritier, mais encore les biens héréditaires, quels qu'ils soient, qui auraient été donnés en nantissement ou en gage. Dans ces divers cas, l'héritier ne s'étant pas dessaisi de la propriété de ces biens, nous ne voyons pas comment on pourrait refuser aux créanciers le droit de se prévaloir de la séparation des patrimoines. Les créances que le défunt avait contre son héritier pourront aussi être atteintes par la séparation; on sait que nous considérons la confusion plutôt comme une impossibilité de payer que comme un véritable mode d'extinction des obligations : dans notre hypothèse, la séparation fera revivre, ou plutôt elle conservera les droits du défunt contre l'héritier (²). Signalons toutefois l'exception qui rend tous les jours plus fréquente le développement des valeurs mobilières. Les rentes sur l'État sont, d'après les lois du 1ᵉʳ nivôse an VI et du 22 floréal an VII, insaisissables et placées hors du droit commun. On s'est demandé si le dispositif de ces lois atteignait tout à la fois le capital et les arrérages. M. de Belleyme pense qu'il n'y a en réalité de succession pour l'héritier qu'après l'acquittement des charges de la succession, et il en conclut, malgré une jurisprudence administrative constante, que les rentes pourront être

---

(1) Liv. IV, ch. II, section I, nᵒ 24.

(²) Lebrun, liv. IV, tit. II, section I, nᵒ 21. Paris, 14 floréal an XI. Cour de cassation, 16 juillet 1828, I, 330.

l'objet d'une saisie. Mais la Cour de Paris, dans un arrêt du 16 décembre 1848 (Dalloz, 49, 2, 121), décide que les rentes sur l'État, dépendant d'une succession, passent à l'héritier, et échappent à l'action des créanciers du défunt qui ont fait prononcer la séparation des patrimoines.

L'aliénation que l'héritier aurait fait d'un bien meuble ou immeuble dépendant de la succession, ne fait pas obstacle à la séparation des patrimoines, tant que le prix n'a pas été payé. C'est le cas d'appliquer la maxime : *in judiciis universis res succedit in locum pretii, et pretium in locum rei.* Cette solution est celle de notre ancienne jurisprudence, bien que la loi 2, D., *De Sep,* dispose : *ab herede venditâ hereditate, separatio frustra desideratitur.* Et l'on s'appuyait pour justifier cette décision sur la loi 1, § 12, *hoc tit.* D., aux termes de laquelle la séparation peut être exercée tant que les biens de la succession ne sont pas confondus avec ceux de l'héritier : *nisi ita conjunctæ possessiones sint et permixtæ propriis ut impossibilem separationem effecerint.* Ce dernier principe peut s'appliquer également en Droit français, et la séparation deviendrait impossible si, le prix ayant été payé à l'héritier, les deniers de la succession étaient venus se confondre avec les deniers personnels de l'héritier ([1]).

On peut supposer que l'héritier a donné en échange un bien de la succession ; nous admettrons, dans cette hypothèse, que l'action en séparation des patrimoines peut atteindre le bien donné en contre-échange. Lebrun enseigne cette doctrine, mais il la modifie dans un sens qui nous paraît inacceptable : « Que feront à présent les créanciers du défunt qui demandent la séparation, lorsqu'ils trouvent qu'avant leur demande, l'héritier a fait un échange de quelque immeuble de la succession ? Car il semble qu'en ce cas ils auront droit sur l'héritage donné et sur celui reçu en échange à leur choix et option. Et premièrement ils pourront comprendre l'ancien héritage dans la séparation, supposé qu'ils y trouvent leur avantage et prétendre que l'héritier n'a pas dû l'échanger à leur préjudice suivant la maxime : *alteri per alterum*

([1]) Demolombe : *Des Successions,* nº 181 ; Aubry et Rau, t. V, p. 214. — En sens contraire : Genty, *Revue critique de législation,* t. VIII.

iniqua conditio inferri non potest. Et en second lieu, ils pourront, s'attachant à l'échange, demander la subrogation du second qui doit être en la place du premier, à l'exemple de la femme dont le mari a échangé l'héritage sujet à son douaire ([1]). » Nous ne saurions admettre la première partie de cette thèse, qui nous semble contraire au principe que la séparation des patrimoines laisse subsister la saisine. Puisque la saisine subsiste, l'héritier, propriétaire des biens de la succession, a pu valablement échanger un immeuble héréditaire, comme, du reste, il aurait pu en disposer de toute autre manière. L'échange est donc parfaitement valable; il n'y a qu'une chose substituée à une autre, de même que la créance du prix qui n'est pas encore payé se trouve subrogée à la chose vendue; cela est si vrai que le bien donné en contre-échange n'est, à tout prendre, qu'un prix, car l'échange ne diffère de la vente qu'en ce que chacune des choses échangées sert à la fois de *merx* et de *pretium*. Donc, tant que la chose donnée en contre-échange subsiste dans son individualité, c'est-à-dire tant qu'il n'y a pas confusion des biens héréditaires avec les biens personnels de l'héritier, la séparation des patrimoines pourra être invoquée.

Si le défunt avait aliéné un immeuble de la succession par une vente à réméré, l'action résultant du pacte de rachat peut être exercée par les créanciers, qui la trouvent en quelque sorte dans les biens héréditaires. Du reste, est-il bien exact de dire que l'immeuble est sorti du patrimoine du défunt? On se rapprocherait bien plus de la vérité en considérant la succession comme toujours propriétaire de l'immeuble, sous la condition suspensive que l'héritier exercera le pacte de réméré. Mais le vendeur, qui voudra user du pacte de rachat, devra (1973) rembourser non-seulement le prix principal, mais encore les frais et loyaux coûts du contrat, les réparations nécessaires et celles qui ont augmenté la valeur du fonds jusqu'à concurrence de cette augmentation. Il ne pourra, ajoute notre article, entrer en possession qu'après avoir satisfait à toutes ces obligations. Les choses peuvent se passer de deux manières différentes : ou bien les frais faits

---

([1]) Lebrun : *Des Successions*, liv. IV, ch. II, sect. I, n° 29.

par l'héritier pour l'exercice du réméré ont été pris sur les deniers de la succession, ou bien l'héritier les a faits avec ses propres deniers. Le premier cas se présentera rarement, car le plus souvent !les deniers de la succession se confondent avec ceux de l'héritier et cessent par conséquent de pouvoir être atteints par la séparation des patrimoines; s'il arrivait cependant que le réméré fût exercé avec les fonds arrêtés entre les mains d'un débiteur de la succession, les créanciers héréditaires auraient le droit d'être colloqués pour la totalité sur le fonds racheté. Le second cas sera de beaucoup le plus fréquent; l'héritier a exercé le pacte de rachat et payé les frais de ses propres deniers : alors il aura une créance privilégiée sur l'immeuble jusqu'à concurrence de ses déboursés et les créanciers héréditaires ne viendront qu'après lui, car il a conservé la chose qui se trouve dans le patrimoine de la succession.

La question de savoir si les fruits produits par les biens héréditaires peuvent être atteints par la séparation des patrimoines, bien que très-simple en apparence, offre certaines difficultés. Lebrun tient l'affirmative: « Si un créancier de l'héritier saisit le premier les loyers dus d'une maison de la succession, et qu'un créancier du défunt saisisse le second, la préférence est due à celui-ci, quoique les loyers soient échus depuis le décès, et qu'il n'y ait point de demande en séparation, parce que la séparation est de plein droit parmi nous et non sujette à demande; de plus, les fruits de la succession ne sont pas moins affectés aux dettes du défunt que les fonds mêmes. » M. Grenier, reprenant l'hypothèse de Lebrun, propose une distinction; d'après cet auteur, on devrait séparer les loyers échus avant la demande en séparation des patrimoines et ceux qui ne sont échus qu'après : les créanciers de la succession qui se prévalent de la séparation n'auraient un droit de préférence que sur les seconds. M. Grenier donne à l'appui de sa thèse une raison tout au moins singulière : « Les premiers, dit-il, n'ont jamais fait partie du patrimoine du défunt, n'étant échus que depuis l'ouverture de la succession. » Cette raison, si elle était bonne, s'appliquerait avec la même force aux loyers échus depuis la demande en séparation. D'autres auteurs, plus logiques que M. Grenier, arrêtent la consistance de l'hérédité au jour du décès et refusent aux créanciers héréditaires tout droit de préférence sur les fruits qui ont été perçus depuis l'ouverture de la succession. Leur doctrine peut se résumer dans les deux arguments qui suivent : 1° les fruits des biens héréditaires se confondent avec les biens de l'héritier au jour de leur perception ; 2° la séparation des patrimoines laissant subsister la saisine, c'est en qualité de propriétaire que l'héritier a perçu les fruits, et c'est à lui, non à la succession, qu'ils appartiennent. L'opinion de Lebrun nous semble préférable. Prétendre que les fruits des biens héréditaires se confondent avec le patrimoine de l'héritier dès l'instant de leur perception, c'est une supposition purement gratuite. Les créanciers de la succession ont pu prendre des mesures conservatoires pour maintenir les biens dans leur individualité ; la chose ne sera pas difficile quand il s'agira d'intérêts de capitaux prêtés, de loyers non encore échus : or, dès que la confusion ne s'opère pas, la séparation des patrimoines est encore possible et nous restons sous l'empire de la règle : *fructus augent hereditatem.* « Quoique cette dernière règle, disent MM. Aubry et Rau, ne soit pas admise en Droit français d'une manière aussi absolue qu'en Droit romain, nous pensons qu'on doit encore la suivre pour la solution de la question qui nous occupe, puisque l'exception qu'elle a reçue, en matière de pétition d'hérédité, est uniquement fondée sur la bonne foi de celui contre lequel cette action est dirigée, et que cette considération est sans application en matière de séparation des patrimoines (¹).» Il n'y aura donc qu'une question à examiner : en fait, les fruits des biens héréditaires se sont-ils confondus avec le patrimoine propre de l'héritier ? La doctrine qui prétend voir dans la simple perception des fruits une confusion de droit qui rend irrecevable la demande en séparation nous paraît absolument erronée. Devons-nous attacher plus de valeur au second argument invoqué par les adversaires de la thèse que nous soutenons ? Nous ne le pensons pas ; l'héritier perçoit sans doute les fruits des biens héréditaires en qualité de propriétaire, mais la maxime *fructus augent hereditatem* a précisément pour but de les faire considérer

---

(¹) Aubry et Rau, § 619, notes 21 et 22.

comme étant entrés dans le patrimoine de l'hérédité, et non dans celui de l'héritier. La saisine subsiste, c'est vrai; d'autre part, la séparation a pour but, ne l'oublions pas, de suspendre les effets de la saisine qui pourraient être préjudiciables aux créanciers héréditaires (¹).

La séparation des patrimoines ne peut porter que sur les biens du défunt, et par biens du défunt nous entendons ceux qui se trouvent dans son patrimoine au jour de son décès : ainsi sont exclus les biens qui ont fait l'objet d'une donation entre-vifs, car le donateur s'est dépouillé actuellement et irrévocablement. Les créanciers pourraient cependant se prévaloir du défaut de transcription à l'encontre des donataires, article 941. Supposons maintenant un donataire héritier du *de cujus*, et tenu par conséquent au rapport. Les créanciers de la succession pourront-ils exercer la séparation des patrimoines sur les biens rapportés? Devra-t-on considérer ces biens comme ceux qui rentrent dans le patrimoine du défunt par l'effet d'une condition résolutoire? La question était discutée dans l'ancien droit. Bourjon tenait l'affirmation, Lebrun et Pothier tenaient la négative et ils la justifiaient par cette excellente raison : « Que le rapport est affaire entre cohéritiers. » L'article 857 a tranché la question dans le sens de ces jurisconsultes. La disposition de cet article, bien que très-claire en apparence, ne laisse pas que de soulever certaines difficultés. Ainsi, le rapport n'est pas dû aux légataires et aux créanciers, ce qui est rigoureusement vrai quand il y a acceptation bénéficiaire, puisque, dans ce cas, les créanciers du défunt n'ont pas l'héritier pour débiteur. Mais cela cesse d'être exact quand l'héritier a accepté purement et simplement, car, article 1166, les créanciers de la succession, qui sont devenus créanciers personnels de l'héritier, ont le droit d'exercer tous les droits et actions de leur débiteur : ils pourront donc demander le rapport et en profiter. Mais cette hypothèse ne se présentera jamais dans notre matière; le créancier, qui voudrait exercer le rapport du chef de son débiteur, perdrait le bénéfice

(¹) Barafort, *Sep. des patr.*, n° 141; Dufresnes, *idem*, n° 118; Aubry et Rau, § 619, note 19; Demolombe, n° 132; Caen, 2 février 1849.

de la séparation des patrimoines par suite d'une novation particulière dont nous étudierons plus loin les effets. L'article 857
recevra donc toujours son application dans notre matière.
Mais, si les créanciers ne doivent pas profiter du rapport, ils
ne doivent pas non plus en souffrir, et c'est là que commen-
cent les plus sérieuses difficultés. M. Delvincourt étant l'auteur
qui a le plus approfondi la matière (¹), nous raisonnerons, pour
plus de clarté, sur l'hypothèse de cet auteur : un père de famille
a trois enfants et meurt laissant 150,000 fr. d'actif et autant
de passif; de plus, en son vivant, il a fait donation à l'un de ses
enfants d'un immeuble estimé 30,000 fr. Notre espèce indique suffisamment qu'il s'agit d'un rapport en nature. En additionnant
les biens laissés dans la succession et les biens rapportés, nous
avons une masse partageable de 180,000 fr., soit 60,000 fr. pour
chacun des enfants. Mais, si le rapport est affaire entre cohéritiers,
ainsi que le dit Pothier, si les créanciers n'ont aucun droit sur le
bien rapporté, les articles 873 et 1220 posent un principe non
moins certain : les dettes se divisent de plein droit et chacun
des cohéritiers n'est tenu de les payer que proportionnellement à
la part dont il est saisi. C'est la combinaison du principe de la division des dettes avec la séparation des patrimoines qui fait naître
toutes les difficultés, car l'héritier au lot duquel se trouve l'immeuble rapporté pourra dire aux créanciers : poursuivez-moi,
mais jusqu'à concurence seulement des 30,000 fr. recueillis dans
la succession, car le surplus est un bien rapporté qui se trouve
hors de votre atteinte. Les autres héritiers n'étant eux-mêmes
débiteurs que d'une somme de 50,000 fr. en vertu du principe de
la division des dettes, 20,000 fr. seront soustraits aux poursuites
des créanciers, alors cependant que le patrimoine du défunt était
suffisant pour payer toutes ses dettes. Ce résultat, d'une injustice
flagrante, amène M. Delvincourt à remarquer que, si l'immeuble
est mis pour la totalité dans le lot d'un seul des cohéritiers, ce
dernier n'en profite en réalité que jusqu'à concurrence de dix, et,
dans cette mesure, chacun des cohéritiers en a également pro-
fité. Donc le cohéritier poursuivi ne pourra soustraire le bien rap-

(¹) Delvincourt, t. II, p. 173 et 174, notes.

porté aux poursuites des créanciers que jusqu'à concurrence
de dix.

Nous avons supposé dans cette dernière hypothèse que l'immeuble rapporté n'était grévé d'aucune hypothèque. L'affectation
hypothécaire dont serait frappé l'immeuble tombant au lot du
cohéritier donataire changerait l'état de la question, car alors il
s'établirait un concours entre les créanciers de la succession
et ceux du donataire; ces derniers seront préférés, puisque la
fiction de l'article 883 a pour objet de faire considérer l'immeuble
comme ayant toujours appartenu au cohéritier dans le lot duquel
il est tombé : or, le cohéritier donataire, qui a toujours été propriétaire de l'immeuble, a valablement pu l'hypothéquer. Que déciderons-nous en présence de ces deux principes contradictoires,
la division des dettes d'une part, la séparation des patrimoines
de l'autre? Dirons-nous que chacun des héritiers ne pourra être
poursuivi que pour sa part? Mais alors, dans l'espèce de M. Delvincourt, la mort du débiteur aura pu soustraire à la poursuite
des créanciers une partie de l'actif héréditaire, ce qui est évidemment contraire à la séparation des patrimoines. Nous n'hésitons pas à penser que, dans notre hypothèse, les créanciers, qui
n'obtiendront que 30,000 fr. sur la part d'un des cohéritiers,
auront la faculté de poursuivre les deux autres jusqu'à l'entier
épuisement des biens de la succession. Cette solution, contraire
en apparence aux articles 873 et 1220, nous semble mettre la
séparation des patrimoines dans son vrai jour : saisine maintenue, suspension de tous les effets de la saisine dommageables
pour les créanciers du *de cujus*.

Le rapport peut se faire en moins prenant. L'enfant, qui a
reçu 30,000 fr. en argent au lieu d'un immeuble de même valeur,
ne prendra, dans l'espèce précitée, que 30,000 fr. dans la succession de son père. Mais les 30,000 fr. donnés en avancement
d'hoirie ont été dissipés. Force sera bien pour les créanciers de
se contenter des 30,000 fr. qui restent. Appliquant à cette hypothèse la solution des espèces précédentes, nous dirons que le
rapport, s'il ne peut pas être profitable aux créanciers de la succession, ne doit pas cependant leur nuire : les créanciers héréditaires pourront donc demander à être payés sur la totalité des

biens de la succession préférablement aux créanciers personnels des héritiers.

La séparation des patrimoines s'exerce sur toutes les valeurs qui dépendent de la succession. M. Demolombe fait observer avec raison, suivant nous, qu'on ne devra pas comprendre dans cette masse les sommes provenant des réparations civiles obtenues par l'héritier contre les meurtriers du défunt. Ces sommes, n'ayant jamais été comprises dans le patrimoine du défunt, n'ont pu former le gage de ses créanciers. La séparation des patrimoines ne donne pas aux créanciers une position plus favorable que celle qu'ils avaient du vivant de leur débiteur.

CHAPITRE IV
Des effets de la séparation.

Après avoir défini le caractère juridique de la séparation des patrimoines, nous avons étudié deux importantes questions qui font l'objet de chapitres distincts : 1º quelles personnes peuvent se prévaloir de la séparation des patrimoines; 2º sur quels biens ce bénéfice peut être invoqué. L'ordre logique de la matière nous conduit à examiner les effets de notre institution : ces effets se produisent contre les successeurs du défunt, dans les rapports des légataires et des créanciers héréditaires, c'est-à-dire des ayants cause du défunt, enfin ils peuvent modifier la position respective des créanciers de la succession et des créanciers personnels de l'héritier. Ce sera l'objet des trois sections qui suivent.

SECTION I
DES EFFETS DE LA SÉPARATION DES PATRIMOINES CONTRE LES SUCCESSEURS DU DÉFUNT.

La séparation des patrimoines laisse subsister la saisine ; l'héritier continue à être propriétaire des biens de la succession, libre par conséquent de les aliéner. Qu'on nous permette d'exprimer toute notre pensée par une formule : la séparation des patrimoines ne change rien aux rapports des créanciers héréditaires avec l'héritier, elle n'existe, pour ainsi dire, et n'a d'effet que dans les rapports des créanciers héréditaires avec les créanciers personnels de l'héritier. Cette idée si simple, si conforme au texte et à l'esprit de la loi, a besoin de sérieux développements.

La séparation n'ayant d'effet que dans les rapports des créanciers héréditaires avec les créanciers personnels de l'héritier, ce qui est à peine contesté, il semble tout naturel d'en conclure qu'elle laisse subsister le principe de la divisibilité des dettes écrit dans les articles 873 et 1220. Malheureusement un grand nombre d'auteurs, tout en admettant les prémisses, repoussent la conséquence (¹). Le principe que les dettes se divisent de plein droit et que chacun des héritiers ne peut être poursuivi que proportionnellement à la part qu'il recueille dans la succession, nous vient de la loi des XII Tables. Pothier le tenait pour si essentiel, qu'il traitait de déraisonnables les coutumes qui donnaient à chacun des créanciers du défunt une action personnelle indivisible contre chacun de ses héritiers. « Cette règle et l'exception qui la modifie ont été établies pour la première fois dans l'article 873; la loi passe presque aussitôt, quatre articles plus bas, à l'organisation du droit de séparation. Dès lors, comment croire que ce droit ait eu pour but et pour effet de rendre indivisibles les dettes du défunt? S'il en était ainsi, où serait alors la différence que la loi a établie entre les dettes chirographaires du défunt et ses dettes hypothécaires? Que resterait-il de l'article 873? A peu près rien; car le principe de la divisibilité qu'il consacre ne reprendrait son empire qu'au cas où les héritiers seraient poursuivis sur les biens qu'ils ne tiennent pas du défunt. L'article 878 contiendrait donc, en partie du moins, l'abrogation de l'article 873. Est-ce possible? Quoi! la loi aurait organisé si près l'une de l'autre deux théories si essentiellement contradictoires! Elle aurait consacré un principe d'ordre public pour l'abroger immédiatement et le mutiler de ses propres mains! Mais si elle l'a effacé en partie dans l'article 873, comment se fait-il qu'elle l'ait reproduit en des termes absolus dans l'article 1220? D'où vient enfin qu'elle n'a point mentionné, dans l'article 1221, le droit de séparation parmi les exceptions qu'elle apporte au principe de la divisibilité? Qu'on ne dise point que ce droit, qui était divisible à l'époque de la rédaction des articles 873, 1220 et 1221, a changé plus tard de nature. Il est facile, en effet, de montrer que le droit de préférence dont parle l'article 2111 n'est autre que le droit introduit par l'article 878 (¹). »

La démonstration, on le voit, est précise et concluante; elle ne sera complète cependant que lorsque nous aurons examiné les

---

(¹) Duranton, t. VII, p. 270; Bonnier, *Revue de législation*, t. XIV, p. 452 et 19; Barafort, *Traité théorique et pratique de la séparation des patrimoines*, p. 326.
(¹) Mourlon, *Examen critique et pratique du commentaire de M. Troplong sur les privilèges*, p. 929.

trois principaux arguments de ceux qui prétendent que la séparation des patrimoines fait obstacle à la divisibilité des dettes.

La séparation, peut-on dire, est un privilége qui frappe l'universalité du patrimoine héréditaire; or, le privilége n'est autre chose qu'une hypothèque privilégiée, et on sait ce que signifie en matière hypothécaire la maxime : *est tota in toto, et tota in quâlibet parte rei*. Le système qui voit dans la séparation des patrimoines un véritable privilége paraît aujourd'hui accepté par la jurisprudence : on sait avec quelle énergie nous l'avons combattu, et l'appui qu'il semble prêter à ceux qui n'admettent la divisibilité des dettes que dans le cas où les créanciers négligeraient d'invoquer la séparation, serait pour nous un nouveau motif de le repousser. Nous soutenons que, même en attribuant à la séparation tous les caratères du privilége, on n'en devrait pas moins décider que les dettes se divisent de plein droit entre tous les héritiers, sans distinguer si la séparation est demandée avant ou après le partage. Prenons une espèce : le défunt a laissé deux immeubles d'égale valeur, l'immeuble A et l'immeuble B, deux héritiers, Primus et Secundus, et 10,000 fr. de dettes. Les créanciers acceptent Secundus pour héritier, mais demandent la séparation des patrimoines contre Primus. Primus n'a jamais été débiteur que de 5,000 fr. et le privilége qui garantit la créance héréditaire n'a pu naître avec plus d'étendue que la créance elle-même. Ce principe étant admis, comment se peut-il faire que Primus, par l'effet de la séparation, soit tenu de payer les 10,000 fr. que lui réclame le créancier? On dira peut-être : Primus n'est tenu personnellement que de 5,000 fr., mais l'immeuble, par suite du privilége que la séparation a établi, se trouve affecté au payement intégral de la créance. Ce serait violer le principe que le privilége ne peut pas naître avec plus d'étendue que la créance qu'il garantit. Il serait encore plus étrange de raisonner de la manière suivante : le privilége qui affecte l'immeuble de Primus a été établi pour garantir tout à la fois sa dette personnelle et celle de son cohéritier Secundus. La loi n'a jamais affecté le bien d'autrui au payement de la dette d'un tiers; l'immeuble attribué à Primus n'a jamais appartenu qu'à lui seul, et son cohéritier Secundus est réputé y avoir toujours été étranger (883).

Les auteurs qui voient dans la séparation des patrimoines un véritable privilége tirent un nouvel argument en faveur de l'indivisibilité des dettes de l'article 1017. La loi, disent-ils, confère aux légataires, pour la garantie de leurs legs, une véritable hypothèque; cette hypothèque est accompagnée d'un droit de suite; elle est indivisible : donc, par *a fortiori*, il doit en être de même du droit de préférence que la séparation donne aux créanciers héréditaires sur les biens du *de cujus*. Nous connaissons cet *a fortiori* et nous y avons répondu. Ajoutons simplement que notre système hypothécaire n'est pas assez parfait pour qu'on puisse tirer un argument quelconque de ses incohérences ou de ses contradictions. D'ailleurs, on sait que les rédacteurs de notre Code soutenaient l'indivisilité de l'action hypothécaire de l'article 1017 par cette raison que « l'hypothèque, si elle n'était indivisible, ferait double emploi avec le bénéfice de la séparation. »

La troisième objection que l'on fait à l'application du principe de la division des dettes dans notre matière, plus spécieuse en apparence que les deux autres, mérite un examen approfondi La division des dettes sacrifierait les intérêts des créanciers qui, après avoir eu une action unique contre leur débiteur, se verront dans la nécessité de fractionner leurs poursuites par suite de la pluralité des débiteurs. Elle est, de plus, inapplicable au cas de rapport en moins prenant, puisque l'héritier, qui a peut-être accepté bénéficiairement ou qui est insolvable, n'a recueilli qu'une masse de biens insuffisante pour payer la part de dettes que la loi met à sa charge. Nous avons déjà parlé de cette dernière hypothèse à l'occasion des biens sur lesquels la séparation des patrimoines peut être invoquée; nous la traiterons avec plus de détail dans ce chapitre. Notons d'abord ce fait, que la doctrine de la division des dettes ne présente pas d'inconvénient pour les créanciers du défunt ni pour les légataires, lorsque les biens de la succession sont répartis effectivement entre les héritiers suivant la part qui est afférente à chacun d'eux, puisque le passif ne se divise alors que corrélativement à l'actif et dans la même proportion. Dans ce cas, la succession tout entière étant solvable, chacune de ses parties l'est également, et il n'y a aucun danger à n'admettre le droit de poursuite des créanciers que pour la part contributoire que chacun des cohéritiers est tenu de supporter. Il serait puéril de faire observer que l'un quelconque des cohéritiers peut être insolvable ou notoirement dissipateur; à ce point de vue, l'héritier unique n'offre pas plus de garanties, et c'est précisément pour éviter que les biens héréditaires ne deviennent le gage des créanciers personnels de chaque héritier, avant le désintéressement complet des créanciers du défunt, que la séparation des patrimoines a été instituée.

M. Demolombe, qui a abordé et résolu, nous le croyons du moins, la difficulté qui naît du rapport en moins prenant, propose l'espèce suivante. Un père de famille qui a deux enfants meurt laissant 100,000 fr. de biens et 100,000 fr. de dettes. L'un de ces enfants a reçu 100,000 fr. en avancement d'hoirie; il en résulte que l'autre enfant a le droit de prélever une portion égale sur la masse de la succession, c'est-à-dire qu'il prendra la totalité des biens existants dans le patrimoine héréditaire. Devra-t-on dire que les créanciers de la succession ne peuvent poursuivre chacun des enfants que dans la limite de leur part contributoire, dans l'espèce pour 50,000 fr.? Faut-il admettre, au contraire, qu'ils auront la faculté de poursuivre le recouvrement de leurs créances sur tous les biens de la succession, sans distinction de parts? La question offre d'autant plus d'intérêt que l'héritier qui a fait le rapport en moins prenant peut, ainsi que nous l'avons dit plus haut, être insolvable ou n'avoir accepté que sous bénéfice d'inventaire.

M. Démolombe examine la question au tome V, *Des successions,* page 239, § 214: « D'après une opinion, assez généralement admise les créanciers du défunt seraient fondés, soit avant, soit même après le partage, à demander leur payement sur tous les biens héréditaires, sans égard à la division des dettes et aux rapports en moins prenant. — Pothier, d'après Dumoulin, l'enseignait ainsi; son motif était « qu'il y a lieu, en ce cas, de présumer une collusion entre les deux frères, et que c'est dans la vue de se décharger d'une portion des dettes et d'en frauder les créanciers, que l'héritier solvable a engagé son père insolvable à se porter héritier. *Traité des obligations,* nᵒˢ 310 et 311. » Il n'est pas douteux que si l'acceptation de l'héritier insolvable, qui devait le rapport, est le résultat de la fraude, les créanciers pourront obtenir la réparation du préjudice qu'elle leur causerait; et cette réparation, de la part de l'héritier solvable, auquel le rapport était dû, consisterait naturellement dans l'obligation de leur payer la portion de dettes à laquelle il avait voulu se soustraire en faisant accepter son cohéritier. On peut même ajouter que la fraude, en cas pareil, sera en effet très-vraisemblable, lorsque l'héritier débiteur du rapport avait intérêt à renoncer pour s'en tenir à son don plutôt que de faire une acceptation qui ne devait mettre que des dettes à sa charge. — Mais pourtant il se pourrait que son acceptation fût exempte de fraude; comme si, par exemple, les dettes étaient ignorées lorsqu'il l'a faite, et n'avaient été découvertes que postérieurement. Et puis, d'ailleurs, ce moyen-là impliquerait lui-même que, en principe et sauf seulement le cas de fraude, les créanciers du défunt seraient obligés de subir les effets de cette acceptation. Or, notre opinion consiste précisément à soutenir que les créanciers sont fondés à se faire payer intégralement sur les biens de la succession, soit avant, soit même après le partage, et voici son raisonnement :

« Tous les biens d'un débiteur sont le gage de ses créanciers; la séparation des patrimoines n'est que la consécration de ce principe fondamental de droit et d'équité. Et, par conséquent, tant qu'ils peuvent demander la séparation des patrimoines, les créanciers du défunt peuvent se faire payer intégralement sur tous les biens de la succession; or, la séparation des patrimoines peut être demandée soit avant, soit après le partage; donc, soit avant, soit après le partage, les créanciers du défunt et les légataires peuvent, par ce moyen, s'opposer à ce qu'une portion quelconque des biens héréditaires, qui sont leur gage, demeure quitte entre les mains d'aucun des héritiers, tant que leurs créances ne sont pas payées.

» Est-ce là porter atteinte au principe de la division des dettes? Non, pas précisément.

» Le principe, en effet, que chacun des héritiers n'est tenu que pour une portion du passif, est fondé sur ce que chacun d'eux ne recueille qu'une portion de l'actif; dans la théorie de la loi, l'universalité active se fractionne dans la même proportion que l'universalité passive; donc, s'il arrive au contraire que, par l'effet des rapports en moins prenant, l'un des cohéritiers recueille l'universalité active tout entière, il est conforme au principe même de la loi que cette universalité continue à se trouver aussi, dans ses mains, grevée tout entière de l'universalité passive, puisque l'une ne se fractionne pas sans l'autre.

» Les dettes, si l'on veut, ne s'en diviseront pas moins de plein droit; et ce sera seulement comme détenteur de l'universalité active, comme biens tenant, en un mot, que l'héritier, qui prend tout l'actif, devra payer tout le passif (¹). »

SECTION II

DES EFFETS DE LA SÉPARATION DES PATRIMOINES ENTRE LES CRÉANCIERS DU DÉFUNT.

Nous entendons par créanciers, sous la rubrique qui précède, aussi bien les légataires que les créanciers proprement dits, et examinerons-nous successivement les effets de la séparation entre les créanciers, entre les légataires, enfin dans les rapports des créanciers et les légataires entre eux.

Les droits que des créanciers héréditaires peuvent exercer sur les biens meubles de la succession ne présentent aucune difficulté. Les créanciers qui sont nantis de priviléges généraux ou spéciaux sur les meubles (art. 2101-2102), auront la faculté de s'en prévaloir; sous ce rapport, le décès du débiteur n'a pu rien changer à leur position. Les autres créanciers seront payés au marc le franc, pourvu toutefois que l'action ait été exercée dans les trois ans (art. 880); l'aliénation qui aurait été faite des meubles de la succession et la confusion qui se serait opérée entre les meubles du défunt et les meubles personnels de l'héritier rendraient également irrecevable l'action en séparation.

Les créanciers héréditaires auxquels le défunt aurait consenti une hypothèque sur tout ou partie de ses biens seront payés sur ces biens préférablement à tous autres créanciers; nous en dirons autant des créanciers privilégiés, puisque, en définitive,

---

(¹) Voir Lafoutaine, *Revue critique de législation et de jurisprudence*, 1859. t. XV, p. 335, 342, 343; de Cacqueray, *Revue pratique de droit français*, 1861. t. XII, p. 68, 69, et p. 258 et 10.

le privilége n'est qu'une hypothèque privilégiée. Ce point n'est pas sujet à controverse. Mais, lorsque le défunt n'a que des créanciers chirographaires, il peut arriver que les uns prennent inscription dans les six mois de l'ouverture de la succession (art. 2111), tandis que les autres ne s'inscrivent qu'après l'expiration de ce délai (art. 2113), quelques-uns enfin ne s'inscrivent pas du tout. D'où la question suivante : les créanciers inscrits en temps utile primeront-ils ceux qui n'ont pris qu'une inscription tardive? Les créanciers qui, bien que négligents, ont cependant pris inscription, pourront-ils se prévaloir de la séparation à l'encontre de ceux qui n'ont pris aucune inscription? Quelques auteurs tiennent l'affirmative (¹), et les raisons qu'ils donnent à l'appui de leur doctrine ne sauraient passer sans une réfutation de notre part.

1° On a fait valoir en premier lieu le caractère que la séparation des patrimoines a toujours eu dans notre droit. Elle est en effet individuelle et non collective; demandée par un seul créancier, elle ne profite qu'à lui envers et contre tous sans exception. La séparation des patrimoines est individuelle, nul ne songe à le contester; mais la conséquence qu'on en veut tirer est en opposition formelle avec les articles 878 et 2111. Que disent, en effet, ces articles? L'article 878 dispose que les créanciers de l'héritier « peuvent dans tous les cas, et contre tout créancier, demander la séparation des patrimoines du défunt d'avec le patrimoine de l'héritier », et l'article 2111 ajoute « les créanciers et légataires qui demandent la séparation du patrimoine du défunt, conformément à l'article 878, *à l'égard des créanciers des héritiers ou représentants du défunt.* » Les deux textes ont un sens qu'il est bien difficile de méconnaître : la loi distingue deux classes de créanciers et elle n'accorde un droit de préférence qu'à une classe sur l'autre, ce qui ne signifie nullement qu'un des créanciers de la succession pourra être préféré à son cocréancier de la même classe, quelle que soit du reste la date des inscriptions. Un droit qui se demande et se conserve

(¹) Fouet de Conflans, article 878, n° 11; Blondeau, p. 181 à 500. Lyon, 17 avril 1822, S., 25, 2, 159.

contre les créanciers personnels de l'héritier, ne saurait profiter ou nuire aux créanciers de la succession. Donc la séparation des patrimoines ne peut modifier la position qu'occupait chacun des créanciers avant le décès du débiteur.

2° On peut dire également : la succession a été acceptée purement et simplement ; par suite les créanciers du défunt sont devenus les créanciers personnels de l'héritier ; ceux d'entre eux qui demandent la séparation sont considérés comme créanciers de la succession ; mais ceux qui ne la demandent pas restent créanciers de l'héritier, et ils sont, par conséquent, sur la même ligne que ses créanciers personnels. Donc les créanciers héréditaires qui demandent la séparation peuvent l'exercer aussi bien contre les uns que contre les autres. M. Laurent, après avoir formulé l'objection, y répond en ces termes : « La loi, en parlant des créanciers de l'héritier à l'égard desquel la séparation est demandée, n'a pu avoir en vue que les créanciers personnels de l'héritier, car elle oppose précisément les créanciers de l'héritier aux créanciers du défunt ; ceux-ci sont demandeurs en séparation, et les autres défendeurs ; on ne conçoit donc pas que les créanciers du défunt, que la loi suppose demandeurs, soient, au contraire, défendeurs. L'esprit de la loi ne laisse aucun doute. Quel est le danger contre lequel la loi donne la garantie de la séparation des patrimoines ? Ce sont les dettes contractées par l'héritier lors de l'ouverture de l'hérédité ; c'est donc contre les créanciers de ces dettes et uniquement contre eux que la séparation peut être demandée (1). »

3° Enfin on tire un argument *a contrario* de l'article 2146. Cet article dispose que les inscriptions prises après le décès du débiteur ne produisent aucun effet entre les créanciers d'une succession acceptée sous bénéfice d'inventaire. Au contraire, l'acceptation pure et simple ne suspend nullement le cours des inscriptions et les créanciers peuvent acquérir des causes de préférence les uns sur les autres, même après le décès de leur débiteur. Pourquoi n'en serait-il pas ainsi de l'inscription que prendrait un créancier à l'effet de conserver la séparation des patrimoines ? Nul doute

(1) Laurent, *Sur le Code civil*, t. X, p. 69.

que, dans l'hypothèse d'une succession acceptée purement et simplement, les créanciers puissent améliorer leur position les uns au détriment des autres. L'article 2146 ne vise que le cas de l'acceptation bénéficiaire. Oui, les créanciers héréditaires peuvent améliorer leur position au moyen d'inscriptions hypothécaires. La preuve n'est ni difficile à fournir ni sujette à contestation pour les deux cas que nous examinons plus bas. Mais le peuvent-ils par la séparation des patrimoines? Toute la question est là. Nous croyons avoir surabondamment démontré, soit par le texte des articles 878 et 2111, soit par des considérations tirées de l'esprit de la loi, que la séparation des patrimoines n'a d'effet que contre les créanciers de l'héritier ou les représentants du défunt.

Ainsi, la séparation des patrimoines ne peut améliorer la position d'un créancier à l'égard de ses cocréanciers. Cela nous conduit tout naturellement à examiner si elle s'oppose à ce qu'un créancier modifie sa position par d'autres moyens non prohibés par la loi. Nous n'hésitons pas à penser que les créanciers héréditaires ont deux manières de prendre un rang préférable à celui qu'ils occupaient du vivant de leur débiteur : 1° par l'inscription de l'hypothèque qu'ils tiennent du défunt, mais qu'ils avaient négligé d'inscrire; 2° en obtenant de l'héritier une inscription hypothécaire, seulement ils perdent dans ce cas le bénéfice de la séparation. La première hypothèse ne présente aucune difficulté. L'exception formulée par l'article 2146 indique bien clairement la pensée de la loi : inscription pourra être prise de l'hypothèque consentie par le *de cujus* tant qu'il n'y aura pas eu aliénation de l'immeuble suivie de transcription. On ne s'explique même pas pourquoi le législateur défend l'inscription d'une hypothèque antérieurement prise au cas d'acceptation bénéficiaire. La loi belge du 16 décembre 1851 modifie le Code civil sur ce point, et décide que les hypothèques consenties par le défunt de son vivant, peuvent encore être inscrites, lorsque la succession est acceptée bénéficiairement; seulement, pour ne pas rendre la liquidation trop longue, elle fixe un délai de trois mois après lequel les créanciers ne peuvent plus requérir l'inscription de leurs hypothèques. On objecterait vainement que les créanciers, qui ont traité avec le *de cujus* dans l'ignorance d'un droit hypothé-

caire tenu secret, pourront considérer l'inscription comme dom·
mageable pour eux : ce préjudice est possible aussi bien du
vivant du débiteur qu'après sa mort. Les créanciers du *de cujus*
peuvent également, avons-nous dit, obtenir une hypothèque de
l'héritier, mais, dans cette hypothèse, ils perdent le bénéfice de
la séparation (art. 879). Ils auront ainsi une cause de préférence
sur leurs cocréanciers, à la condition toutefois que les créanciers
de la succession négligent de se prévaloir de la séparation des
patrimoines. En vain diraient-ils qu'il s'agit de cocréanciers, et
qu'ils n'ont pas besoin de demander la séparation dans leurs rapports avec les autres créanciers du défunt; cela est vrai tant que
ces créanciers se présentent comme créanciers du défunt, mais
non quand ils sont devenus créanciers de l'héritier par suite de la
novation de l'article 870. Le conflit existe, dans ce cas, entre
créanciers du défunt et créanciers de l'héritier; donc les premiers
ont besoin d'invoquer la séparation pour écarter les seconds.

Les effets de la séparation entre légataires ne diffèrent pas
sensiblement de ceux qui viennent d'être exposés. La séparation
ne saurait constituer une cause de préférence au profit d'un légataire. Les articles 878 et 2111 s'appliquent également aux légataires et aux créanciers; or, nous savons que d'après ces articles,
les créanciers de la succession et les légataires jouent le rôle de
demandeurs, et les créanciers personnels de l'héritier celui de
défendeurs. Les articles 920 et 927 viennent à l'appui de cette
doctrine. Que disent-ils en effet? « Lorsque les dispositions testa-·
mentaires excéderont la quotité disponible, la réduction se fera au
marc le franc entre tous les légataires; il ne peut y avoir de
préférence que lorsque le testateur aura expressément déclaré
qu'il entend que tel legs soit acquitté de préférence aux autres. »
Donc la seule cause de préférence qui puisse exister entre les
légataires est celle qui naît de la volonté formellement exprimée·
du testateur. Notons cependant que, si on se place en dehors de
la séparation des patrimoines, on peut trouver entre les légataires·
des causes de préférence autres que la volonté du défunt : ainsi
les légataires, qui obtiennent de l'héritier une garantie hypothécaire, perdent sans doute le bénéfice de la séparation, mais ils
pourraient faire valoir leur hypothèque à l'encontre de leurs colé-

gataires qui négligeraient de se prévaloir de la séparation des patrimoines.

Nous ne saurions terminer cette section sans nous demander si les créanciers chirographaires ont besoin de prendre inscription pour être payés de préférence aux légataires. Posons d'abord cette règle générale : entre créanciers et légataires qui se prévalent de la séparation, les choses se règlent conformément à la maxime *nemo liberalis nisi liberatus*. L'acceptation bénéficiaire ayant pour objet de séparer le patrimoine du défunt et celui de l'héritier, sous ce régime les créanciers seront également toujours préférés aux légataires. « Mais quand la succession est acceptée purement et simplement, les créanciers et légataires du défunt deviennent les créanciers personnels de l'héritier; la différence entre les légataires et les créanciers est effacée; pour la maintenir, il faut que les créanciers demandent la séparation des patrimoines, S'ils ne la demandent pas, ils ne peuvent pas invoquer la maxime *nemo liberalis* ([1]). Il nous reste un scrupule d'équité. Les créanciers doivent l'emporter sur les légataires lorsqu'il n'y a pas de valeur suffisante pour acquitter les legs. Or, cette insuffisance existe dès l'ouverture de l'hérédité; l'héritier reçoit les biens du défunt grevés de dettes et de legs, mais avec cette condition qu'il payera les dettes avant les legs. Est-ce que la confusion des patrimoines fait obstacle à cette distribution des deniers héréditaires? Oui, quand, de fait, les créanciers ne peuvent pas prouver quelle est la consistance de l'hérédité. Mais s'il y a un inventaire, l'objection tombe. On insiste et l'on dit que, par suite de la confusion des patrimoines, les créanciers et les légataires deviennent indistinctement créanciers de l'héritier; et comme tels, il n'y a plus de différence à faire entre eux. Voilà un argument juridique; mais ne peut-on pas répondre qu'entre créanciers et légataires la séparation des patrimoines ne doit pas être demandée? Ne peut-on pas dire, avec Pothier, que l'héritier reçoit avec la charge de payer les créanciers avant les légataires? Quoi qu'il en soit, la loi est incomplète ([2]). »

([1]) Zachariæ, édition d'Aubry et Rau, t. IV, p. 333 et note 41; Demolombe, t. XVII. p. 136, nº 122.

([2]) Laurent, 10ᵉ vol., p. 73.

SECTION III

DES EFFETS DE LA SÉPARATION DES PATRIMOINES ENTRE LES CRÉANCIERS DU DÉFUNT ET CEUX DE L'HÉRITIER.

La séparation des patrimoines peut être opposée à tous les créanciers de l'héritier. Ce principe comporte un certain nombre d'exceptions, car il arrivera souvent qu'un ayant cause de l'héritier, soit parce que sa créance est très-favorable, soit parce que les créanciers héréditaires se sont montrés négligents, sera payé sur les valeurs de la succession préférablement à ces derniers. Ce droit de préférence peut exister sur les meubles et sur les immeubles.

MEUBLES. — Parmi les priviléges généraux qui prennent naissance dans la personne d'un ayant cause de l'héritier, nous ne connaissons que les frais de justice, faits pour la conservation de la chose, qui puissent être payés sur la généralité des meubles préférablement aux créances héréditaires. Quant aux autres priviléges énumérés par l'article 2101, frais funéraires, frais de dernière maladie, salaires des gens de service, fournitures de subsistance, nous pensons qu'on doit les ranger dans la catégorie des créances héréditaires; elles sont privilégiées, et, à ce titre, primeront les simples créances chirographaires. Parmi les priviléges spéciaux sur les meubles, mentionnons les frais faits pour la conservation de la chose depuis l'ouverture de la succession et les sommes dues pour les semences et pour les frais de récolte; ces diverses créances, bien qu'elles atteignent personnellement l'héritier, passeront avant les créances héréditaires, et la raison en est qu'elles ont conservé le gage commun des créanciers ou qu'elles ont créé une nouvelle valeur héréditaire. Par exemple, on n'en pourrait dire autant du privilége du bailleur sur les meubles qui garnissent la maison louée ou la ferme, de celui de l'aubergiste et du voiturier; l'héritier est resté propriétaire des objets donnés en gage, et, comme ces objets étaient affectés au payement des créanciers héréditaires, le privilége qui est venu les frapper postérieurement ne saurait être invoqué contre ceux qui se prévalent de la séparation des patrimoines. Les créanciers héréditaires peuvent également se trouver en concours avec l'État, qui, dans certains cas, a un privilége sur les meubles pour le recouvrement des sommes qui lui sont dues. Nous déterminerons simplement jusqu'à quel point l'État peut user de son droit de préférence quand il s'agit de contributions et de droits de mutation par décès. On sait que les contributions directes sont au nombre de quatre : les contributions foncières, personnelles et mobilières, des portes et fenêtres et des patentes. L'article premier de la loi du 12 novembre 1808 donne dans les termes suivants un privilége au Trésor public pour le recouvrement de cet impôt. « Le privilége du Trésor public, pour le recouvrement des contributions directes, est réglé ainsi qu'il suit et s'exerce avant tout autre : 1° pour la contribution foncière de l'année échue et l'année courante sur les récoltes, fruits, loyers et revenus des biens immeubles sujets à contribution; 2° pour l'année échue et l'année courante des contributions mobilières, des portes et fenêtres, des patentes, et de toute autre contribution directe et personnelle sur tous les meubles et autres effets mobiliers appartenant aux redevables, en quelque lieu qu'ils se trouvent. » Cet article signifie bien clairement que la créance du Trésor public, pour le recouvrement des impôts indiqués, doit être acquittée avant celle des créanciers héréditaires sur les biens spécifiés, et cela non-seulement pour les impôts dus par le défunt, mais encore pour les sommes dues, depuis le décès, par l'héritier. On opposerait vainement des raisons d'équité. « Les contributions directes, disait Jaubert, sont destinées aux dépenses fixes; elles deviennent dès lors une dette sacrée; rien ne doit en arrêter le recouvrement, les tiers ne peuvent s'en plaindre, personne n'ignore que les contributions doivent être payées; c'est aussi un axiome vulgaire que la contribution passe avant tout. » On a admis pendant longtemps un privilége au profit du Trésor public pour le recouvrement des droits de mutation par décès, même sur les immeubles de la succession; quand la régie avait pris inscription. La loi, disait-on, n'a pas établi un privilége spécial, mais la dévolution des biens n'a lieu que sous la déduction des sommes qui sont dues à l'État. Cinq arrêts de la Cour de cassation des 22 et 24 juin 1857 sont venus rectifier cette jurisprudence, en sorte que, d'après l'opinion générale, les droits de mutation par décès constituent à la charge de l'héritier une créance purement chirographaire qui ne prendra rang sur les immeubles de la succession qu'après les créanciers de celle-ci, car le Trésor n'a pas de privilège sur les immeubles. L'article 32 de la loi du 22 frimaire an VII établit un privilége au profit de l'État, non pas sur les immeubles, mais seulement sur leurs revenus. La nouvelle jurisprudence est plus en harmonie avec notre droit public; elle rejette l'idée que l'État est portionnaire des biens du défunt et rétablit dans sa plénitude le droit de propriété.

Immeubles. — Aux termes de l'article 2103, les priviléges sur les immeubles sont : le privilége du vendeur sur l'immeuble vendu pour le payement du prix; celui des cohéritiers sur les immeubles de la succession pour la garantie des partages faits entre eux et des soultes ou retours de lots; enfin celui des architectes et des entrepreneurs. Les copartageants, qui se sont inscrits dans les quarante-cinq jours du partage, ne pourront se prévaloir de leur privilége à l'encontre des créanciers dont l'inscription a été prise dans le délai de l'article 2111, car l'inscription de la séparation rétroagit au jour de l'ouverture de la succession. Quant aux priviléges des architectes et entrepreneurs, il primera celui des créanciers héréditaires; c'est qu'en effet ce privilége porte uniquement sur une valeur nouvelle qui n'existerait pas dans la masse héréditaire sans le fait des créanciers qui l'invoquent.

Si nous supposons un créancier personnel de l'héritier, venant à l'ordre en vertu d'un titre chirographaire ou hypothécaire, concurremment avec un créancier de la succession qui a fait inscrire la séparation dans le délai de l'article 2111, rien ne sera plus facile que de régler leurs rapports respectifs : le créancier de la succession recevra le montant intégral de sa créance avant le créancier personnel de l'héritier. Ce résultat est la conséquence nécessaire de la rétroactivité de l'inscription prise par le créancier héréditaire. En sens inverse, si un créancier héréditaire, ayant laissé passer le délai de l'article 2111, se trouve concourir avec un créancier personnel de l'héritier qui a fait inscrire une hypothèque antérieurement à l'inscription de la séparation, le créancier de l'héritier primera jusqu'à son entier désintéressement le créancier héréditaire négligent. Telle est la signification véritable de l'article 2113 qui, sous une terminologie embarrassée, n'a d'autre objet que de refuser à l'inscription prise après les six mois de l'ouverture de la succession le bénéfice de la rétroactivité. Mais on peut supposer un créancier hypothécaire de l'héritier venant se placer entre le créancier de la succession qui a pris inscription dans les six mois du décès, et un créancier négligent qui a laissé passer ce délai ou même qui n'a pris aucune inscription. La distribution des deniers a donné lieu, dans cette hypothèse, à des controverses nombreuses qui viennent aboutir à trois systèmes dont l'exposition mérite un examen attentif. Nous prendrons, pour plus de clarté, l'espèce suivante : un père de famille meurt laissant pour toute fortune un immeuble de 45,000 fr. et un fils unique. Il y a deux créanciers, Primus et Secundus, le premier pour une somme de 40,000 fr. et le second pour 80,000 fr. Mais le fils a lui-même des dettes, et Tertius, un de ses créanciers, lui fait consentir une hypothèque sur l'immeuble héréditaire pour sûreté d'une somme de 20,000 fr. Tertius requiert l'inscription de son hypothèque dans les six mois de l'ouverture de la succession. Primus et Secundus, qui connaissent la position de l'héritier, entendent se prévaloir de la séparation des patrimoines; le premier prend inscription dans les six mois du décès, le second laisse passer ce délai. Quelle sera la part attribuée à chacun des créanciers dans l'ordre qui va s'ouvrir?

1er Système. — Primus, dont l'inscription remonte au jour de l'ouverture de la succession, prendra toute la part qui lui aurait été dévolue dans un ordre ouvert entre tous les créanciers du défunt; or, comme le défunt laisse 45,000 fr. de biens pour un passif de 120,000 fr., Primus aura droit à un dividende des deux sixièmes. Tertius, créancier hypothécaire de l'héritier, l'emporte sur Secundus dont l'inscription n'a d'effet qu'à sa date : il sera colloqué au second rang. Secundus arrivera le dernier.

<pre>
Primus . . . .   15,000 fr.
Tertius   20,000
Secundus   00,000
</pre>

Ce système offre deux inconvénients principaux que nous signalons immédiatement : 1° Le créancier de la succession, qui a

pris inscription en temps utile pour une somme de 40,000 fr., a
dû conserver cette somme totale à la masse héréditaire, bien que
dans ses rapports avec ses cocréanciers il n'ait droit qu'à un dividende, et le créancier de l'héritier, qui a fait inscrire son hypothèque, ne devait s'attendre à être payé sur l'immeuble que déduction faite des 40,000 fr. qui restent dans la masse de la
succession. 2° Une collusion entre les créanciers héréditaires
suffirait à changer le résultat de l'ordre. Ainsi Secundus pourrait
dire à Primus : Je ne produirai pas à l'ordre, et vous toucherez
40,000 fr. au lieu de 15,000 fr.; le bénéfice sera partagé entre
nous (1).

2° Système. — Le second système consiste à appliquer simplement la maxime : *Si vinco te vincentem, a fortiori te vincam.* Le
résultat de l'ordre serait donc le suivant :

       Primus. . . . .   40,000 fr.
       Tertius.   5,000
       Secundus.   0,000

Si simple que puisse paraître l'application de cette maxime, le
raisonnement conduit bien vite à remarquer qu'elle n'a de valeur
qu'entre les créanciers qui ont une cause de préférence différente; ainsi Primus est préférable à Tertius parce qu'il est créancier du défunt, mais il ne s'ensuit nullement que Primus sera
préféré à Secundus qui a exactement la même cause de préférence. Donc, en bonne logique, on ne peut pas dire que le fait
d'avoir un rang supérieur à Tertius rendra nécessairement Primus préférable à Secundus (1).

3° Système. — Enfin, dans le troisième système, que nous
pourrions étayer des raisons qui ont été données pour combattre
le premier système, on fait observer que Primus, dans ses
rapports avec Tertius, a conservé au patrimoine héréditaire la
somme de 40,000 fr., alors que, dans ses rapports avec Secundus, il n'a droit qu'à deux sixièmes de la valeur totale de l'immeuble. Ce double résultat est virtuellement contenu dans l'ar-

(1) Dans le sens de ce premier système : Grenier, *Des Hypothèques*, t. II. 435
Merlin, *Rép.*, v° *sep. des pat.*, § 5, n° 1 : Malpel, *Des Successions*, n° 219; Dufresne,
n⁰ˢ 99, 100 et 10; Aubry et Rau, *Sur Zacharix*, t. IV, p. 337, texte et note 41.
(1) Delvincourt, t. II p. 179, notes; Dalloz, *Jurisprudence gén.*, v° *successions*,
p. 426, n° 69.

ticle 2111 qui dispose que les créanciers et légataires conservent par l'inscription leur créance avec les qualités que lui confère la séparation des patrimoines, mais sous la restriction que les effets de notre institution ne se produiront qu'à l'égard « des créanciers des héritiers et des représentants du défunt.» Puisque l'inscription a conservé la créance de Primus et la rend préférable à celle de Tertius, 40,000 fr. restent dans le patrimoine héréditaire; au surplus, cette inscription ne produisant aucun effet contre Secundus, Primus aura 15,000 fr., c'est-à-dire la somme qu'il aurait obtenue si l'ordre avait été ouvert du vivant du défunt [1].

Primus................	15,000 fr.
Tertius...............	5,000
Secundus.............	20,000

L'ordre pourra aussi s'ouvrir entre un légataire qui a pris inscription dans les délais de l'article 2111, un créancier hypothécaire de l'héritier et un créancier chirographaire du défunt dont l'inscription tardive est postérieure à celle du créancier hypothécaire de l'héritier. L'espèce se résoudra facilement d'après les principes déjà posés. Le légataire prendra le dividende auquel il avait droit en présence des créanciers du défunt, ou même la totalité de son legs, si la succession comprenait assez de biens pour désintéresser complétement les créanciers d'abord et les légataires ensuite. Le créancier hypothécaire de l'héritier viendra au second rang, et le créancier chirographaire du défunt sera colloqué sur les deniers qui restent. Supposons un actif de 30,000 fr.; Primus, légataire de 10,000 fr., s'est inscrit dans les six mois du décès; Secundus, créancier hypothécaire de l'héritier pour 20,000 fr., a pris inscription dans le même délai; enfin Tertius, créancier de la succession pour 20,000 fr., a laissé passer les six mois de l'ouverture de la succession et ne s'est inscrit que postérieurement à Secundus. Les deniers seront répartis de la manière suivante :

Primus................	10,000 fr.
Secundus.............	20,000 fr.
Tertius...............	00,000 fr.

[1] Duranton, t. VII, n° 478, et t. XIX, n° 227.

Si nous supposons maintenant que Primus est légataire de 20,000 fr., le résultat sera changé, car, bien que dans ses rapports avec Tertius il n'ait droit qu'à 10,000 fr., l'inscription a eu pour effet, comme dans l'espèce précédente, de conserver 20,000 fr. au patrimoine du défunt :

        Primus . . . . 10,000 fr.
        Secundus. . . . . 10,000 fr.
        Tertius . . . . 10,000 fr.

Les créanciers du défunt, qui invoquent la séparation des patrimoines, mais qui n'ont trouvé qu'un actif insuffisant pour se désintéresser, viendront-ils pour le surplus sur le patrimoine propre de l'héritier? Dans ce cas, le concours s'établira-t-il entre tous les créanciers? ou bien les créanciers du défunt ne prendront-ils rang qu'après les créanciers personnels de l'héritier qui devront être préalablement désintéressés? Grave question qui divise encore les auteurs. Rappelons d'abord les précédents : en Droit romain, la séparation des patrimoines était effective ; l'héritier se trouvait dessaisi et la masse des biens devait être vendue par les soins d'un magister nommé par le préteur. Les créanciers ayant refusé d'avoir l'héritier pour débiteur, la logique voulait qu'on leur refusât tout droit subsidiaire sur le patrimoine de ce dernier. Telle était la décision de Paul et d'Ulpien : *Si creditores hereditarii separationem bonorum impetraverunt, et inveniatur non idonea hereditas, heres autem idoneus, non poterunt reverti ad heredem, sed eo quod semel postulaverunt, stare debent.* Papinien, moins rigoureux que Paul et Ulpien, accorde aux créanciers de la succession le droit de venir subsidiairement sur le patrimoine de l'héritier, mais seulement quand tous les créanciers de celui-ci auront été désintéressés : « *Sed in quolibet alio creditore, qui separationem impetravit, probari commodius est, ut si solidum ex hereditate servari non possit, ita demum aliquid ex bonis heredis ferat, si proprii creditores heredis fuerint dimissi.* » La doctrine de Papinien était universellement acceptée dans notre ancienne jurisprudence [1].

---

[1] Lebrun, *Des Suc.*, liv. iv, ch. II, sect. I, nᵒˢ 26 et 27 ; Pothier, *Des Succ.*, ch. V, art. 1 ; Domat, *Lois civiles*, liv. iii, tit. ii, sect. I, nᵒ 0.

Nous ne dirons que peu de chose de ceux qui veulent transporter le système romain avec toute sa rigueur dans le droit moderne. Ce système, ne l'oublions pas, est celui de Paul et d'Ulpien. La preuve, nous dit-on, que les créanciers héréditaires ont l'option entre les deux patrimoines, c'est que l'article 879 déclare déchu du droit de demander la séparation celui qui a fait novation en acceptant l'héritier pour débiteur. Donc, par *a contrario*, celui qui a choisi l'hérédité ne peut plus avoir l'héritier pour débiteur. Ce système est en contradiction manifeste avec toute la théorie de la séparation, car notre institution laisse subsister la saisine, et l'héritier qui a accepté purement et simplement est devenu l'obligé des créanciers héréditaires : *Is qui miscuit contrahere videtur*; or, s'étant obligé personnellement, il est tenu sur ses biens mobiliers et immobiliers, présents et à venir (articles 2092-2093.)

Le système de Papinien, adopté par notre ancienne jurisprudence, a été défendu avec vigueur par Marcadé. Rien n'est plus facile que d'établir le contrat qui lie l'héritier aux créanciers héréditaires. Au reste, ce contrat n'a-t-il pas été librement accepté par l'héritier, qui avait la faculté de n'accepter que sous bénéfice d'inventaire? Ces prémisses posées, le raisonnement de Marcadé consiste à dire : les créanciers du défunt ont deux débiteurs, la succession et l'héritier; c'est à eux de choisir; ils ne peuvent pas tout ensemble être créanciers de la succession et créanciers de l'héritier. Raisonnement qui paraît très-logique et qui est cependant très-illogique. Non, il n'y a pas deux débiteurs, il n'y en a qu'un seul; l'article 724 le désigne, c'est l'héritier, le continuateur de la personne du défunt. Sans doute, on pourrait dire que l'héritier possède deux patrimoines, mais c'est une fiction, et si on veut admettre cette fiction jusqu'au bout, il faudra dire avec Paul et Ulpien que les créanciers qui invoquent la séparation des patrimoines n'ont aucun recours sur les biens personnels de l'héritier. Ceux qui repoussent cette conséquence sont tenus d'établir l'existence d'un privilége au profit des créanciers personnels le l'héritier. Or, l'existence de ce privilége, ou, si l'ont veut, un droit de préférence analogue à celui des créanciers du funt, n'est établie nulle part. Bien plus, l'article 881 refuse positivement aux créanciers de l'héritier le droit de demander la séparation des patrimoines. Que devons-nous conclure de ce texte, sinon que tous les créanciers sans distinction viendront au marc le franc, à moins qu'ils n'aient des causes de préférence telles que des priviléges ou des hypothèques?

Cette dernière opinion est celle d'un grand nombre d'auteurs. Elle résulte, d'une part, du principe que la séparation des patrimoines ne fait pas obstacle à la saisine, et, d'autre part, du texte et de l'esprit de la loi qui n'entendent favoriser que les créanciers du défunt. C'est rigoureusement équitable, car, si les créanciers de l'héritier, qui ont traité avec le débiteur de leur choix sans exiger des garanties, ne méritent aucune protection spéciale, les créanciers du défunt n'ont d'autre moyen de prévenir les dangers qui peuvent naître de la confusion des patrimoines que le droit de préférence de l'article 878. L'héritier n'aura pas à se plaindre non plus; ayant la faculté de n'accepter que sous bénéfice d'inventaire, il ne pourra imputer qu'à sa propre négligence d'avoir recueilli une succession onéreuse. Nous serions également peu touchés de l'argument qui consisterait à dire que les articles 878 et suivants ont été copiés dans Pothier, car on a toujours admis dans notre ancienne jurisprudence « que les créanciers de l'héritier avaient le droit de demander la séparation des patrimoines contre les créanciers du défunt (¹). »

(¹) Merlin, *Repert.*, v° *Séparation des pat.*, § 5, n° 6; Toullier, t. IV, n° 548; Aubry et Rau, *Sur Zachariæ*, t. IV, p. 312; Grenier, *Des Hyp.*, t. II, n° 137; Demolombe, t. V, n° 220; Duranton, t. VII, n° 501.

CHAPITRE V

De la procédure de la séparation des patrimoines.

Nous avons examiné, dans le chapitre précédent, les effets de la séparation des patrimoines. Quelle est la nature juridique de la séparation? quelles personnes sont admises à s'en prévaloir? sur quels biens peut-elle être invoquée? Toutes ces questions ont été examinées successivement. Nous avons dû nous arrêter plus longuement sur les effets de la séparation qui peuvent être considérés à juste titre comme le point culminant de la matière. Le chapitre cinquième aura pour objet l'étude de la procédure qui permet aux créanciers de se prévaloir du bénéfice de la séparation, car, ne l'oublions pas, à côté de la détermination théorique des droits de chacun, la marche à suivre pour faire reconnaître ces droits ou plus simplement la procédure doit occuper une large place. Donc, au point de vue de la procédure qui doit être suivie par les créanciers héréditaires, nous distinguerons quatre hypothèses qui feront l'objet de sections différentes : 1° le cas où la succession a été acceptée purement et simplement; 2° nous nous demanderons ensuite si les créanciers d'une succession qui a été acceptée sous bénéfice d'inventaire sont dispensés de demander la séparation; 3° *quid* en cas de succession vacante? 4° quelle influence peut avoir la faillite de l'héritier sur le droit des créanciers héréditaires?

SECTION Ire

SUCCESSION ACCEPTÉE PUREMENT ET SIMPLEMENT

La doctrine enseigne généralement que la séparation des patrimoines doit faire l'objet d'une demande en justice. Qui a qualité pour répondre à cette demande et contre qui doit-elle être formée? C'est ici que les auteurs se divisent. Les uns, comme MM. Aubry et Rau, pensent que la demande doit être formée contre les créanciers de l'héritier. L'héritier, disent-ils, n'a ni qualité pour se porter défendeur ni intérêt à voir telle classe de créanciers payée de préférence à telle autre sur la masse héréditaire. D'ailleurs, un droit de préférence suppose des rapports de créanciers à créanciers, et c'est effectivement contre les créanciers de l'héritier qu'aux termes de l'article 878 la demande doit être dirigée. Ces raisons, si spécieuses qu'elles puissent paraître, ne nous ont pas convaincu. Par quel moyen les créanciers de la succession pourront-ils connaître tous les créanciers de l'héritier? S'ils n'en connaissent qu'un certain nombre, la demande ne produira aucun effet contre ceux qui n'étaient pas partie à l'instance. Attendre sera possible, dans une certaine mesure, car la séparation peut toujours être invoquée sur les immeubles qui n'ont pas été aliénés par l'héritier; mais, pour les meubles, le droit à la séparation se prescrit par trois ans (art. 880), et les créanciers héréditaires pourraient bien être exposés à perdre leur droit de préférence sur cette partie importante de la succession. Or, même en supposant tous les créanciers de l'héritier connus, peut-être les créanciers héréditaires ne trouveront-ils aucune contradiction de la part de ces derniers, et alors ils seront tenus de supporter les frais de la demande [1].

M. Barafort, dans son *Traité théorique et pratique de la séparation des patrimoines*, pense que la séparation devra être demandée contre l'héritier. Cette solution s'écarte d'une manière trop sensible du texte et de l'esprit de la loi pour que nous puissions l'accepter. Il est dans la nature de la séparation d'atteindre les créanciers de l'héritier, mais non l'héritier lui-même pour qui elle est *res inter alios acta*. Quel rôle pourrait-il donc jouer dans une instance en séparation [2]?

Enfin, M. Dufresne, frappé des inconvénients que présente le premier système, propose la distinction suivante : si tous les créanciers sont connus, c'est contre eux que la demande devra être formée; s'ils ne sont pas connus, c'est l'héritier qui sera défendeur à la demande. Cette solution est absolument arbitraire [3].

Pour nous, les mots demande en séparation sont une réminiscence du Droit romain et n'ont plus aucune signification pré-

[1] Aubry et Rau, § 619, notes 15 et 16; Duranton, t. VII, p. 488; Demante, *Cours*, t. III, p. 31; Demolombe, t. XVII, 116 et 19; Bordeaux 11 décembre, 1831.
[2] Barafort, *loc. cit.*, no 42.
[3] Dufresne. *loc. cit.*, no 35.

cise dans notre droit. C'est qu'en effet dans la procédure romaine la séparation devait être demandée au préteur qui prononçait l'envoi en possession et donnait un curateur au patrimoine héréditaire. En Droit français, la séparation des patrimoines sera invoquée par voie d'exception dans l'ordre qui s'ouvre entre tous les créanciers ; le créancier héréditaire qui invoque cette cause de préférence devra être colloqué dans un rang supérieur à celui des créanciers personnels de l'héritier : cela doit lui suffire. Mais, pour provoquer un ordre, il faut arriver à des mesures d'exécution. Ce sera, en effet, le moyen le plus facile de faire valoir les droits que confère la séparation des patrimoines. Que les créanciers héréditaires frappent d'une saisie-arrêt les sommes dues par un tiers : dans l'instance en validation de la saisie, ils se prévaudront de la séparation des patrimoines à l'effet d'écarter les créanciers personnels de l'héritier. Qu'ils saisissent et fassent vendre un immeuble : dans la distribution des deniers ils feront valoir leur qualité auprès du juge-commissaire, et, dans le cas où elle serait contestée, ils en appelleront au tribunal. Ces moyens d'exécution simples et rapides auront l'avantage de placer les créanciers héréditaires dans la position qui leur est attribuée par la loi, sans qu'il soit besoin d'une instance principale en séparation des patrimoines ; mais, hâtons-nous de le dire, dans bien des cas où les créanciers auront intérêt à suspendre les poursuites, les moyens de protection offerts par la loi française sont bien moins énergiques que ceux de la procédure romaine. Aussi devront-ils avoir recours à des mesures conservatoires tant sur les meubles que sur les immeubles.

Meubles. — Les créanciers dont le droit n'est pas affecté d'une condition ou soumis à un terme peuvent pratiquer une saisie-arrêt. Ce point n'offre aucune difficulté. La créance peut être conditionnelle ou à terme ; dans ce cas, la saisie-exécution est prohibée par l'article 551 du Code de procédure et l'emploi de la saisie-arrêt semblerait également en contradiction avec l'article 1186 qui défend d'exiger un payement avant l'échéance. Les créanciers conditionnels ou à terme auront toutefois certaines mesures conservatoires qui ne sont pas destituées d'efficacité. Ils pourront requérir l'apposition des scellés, demander la confection d'un inventaire. Mais le droit d'invoquer la séparation sur les meubles se prescrit par trois ans (art. 880) : ce délai ne courra-t-il pour toute cette classe de créanciers que du jour de l'événement de la condition ou de l'arrivée du terme? Nous ne le pensons pas, car la loi donne à cette prescription un point de départ invariable qui est l'ouverture de la succession. Sans doute, il n'y a pas lieu d'appliquer ici la maxime : *contra non valentem agere non currit præscriptio*, mais on pourrait peut-être laisser aux créanciers, qui ont eu la précaution de faire dresser un inventaire, le droit de combattre la présomption qui sert de base à la prescription. La loi présume, en effet, qu'après un délai de trois ans les meubles de la succession sont confondus avec ceux de l'héritier.

IMMEUBLES. — La loi devait prendre des mesures de précaution plus efficaces en ce qui concerne les immeubles; elle avait aussi un autre devoir à remplir : la séparation des patrimoines pouvant être invoquée sur les immeubles tant qu'ils sont dans la main de l'héritier, il devenait nécessaire de porter à la connaissance des tiers qui peut-être traiteront avec l'héritier l'existence du droit dont les immeubles sont frappés. C'est précisément en vue de cette publicité que l'article 2111 a été édicté. L'inscription est soumise, quant à sa forme, aux mêmes règles que les inscriptions ordinaires de priviléges et d'hypothèques; elle est régie à ce point de vue par les articles 2148 et 2149. Seulement on devra indiquer sur le registre du conservateur que l'inscription est prise en vue de conserver le droit de séparation et de plus mentionner la date du décès du *de cujus*, car il faut que les intéressés puissent vérifier si la formalité a été remplie dans le délai de six mois. On se demande également si l'inscription doit être spéciale sur chacun des immeubles de la succession, ou si, prise dans un bureau, elle suffit pour frapper tous les immeubles compris dans la circonscription de ce bureau. Un arrêt de la cour de Nîmes du 19 février 1829 a jugé qu'il suffisait d'une inscription générale sur tous les immeubles de la succession; mais le texte de l'article 2111 paraît contraire à cette décision, car il porte dans son dispositif que le droit à la séparation sera conservé « par des inscriptions faites sur chacun des biens. » Il y aura sans doute des frais plus considérables à raison du nombre des inscriptions, mais les créanciers héréditaires peuvent trouver dans quelques-uns des immeubles une valeur suffisante pour la garantie de leurs créances. L'inscription d'une hypothèque ne saurait avoir pour effet de conserver la séparation des patrimoines; ces deux inscriptions diffèrent par bien des points, mais notamment par la somme d'intérêts qu'elles garantissent : l'inscription hypothécaire place au même rang que la créance principale les intérêts de deux années échues et de l'année courante, tandis que l'inscription de la séparation garantit tous les intérêts, quelle que soit la date de leur échéance.

On a agité la question de savoir quels sont les créanciers qui peuvent prendre l'inscription de l'article 2111. La réponse est bien simple; elle se trouve au chapitre II de ce travail. Tous créanciers, qu'ils soient purs et simples, conditionnels ou à terme, munis d'un titre authentique ou sous signature privée, pourront s'inscrire à l'effet de conserver la séparation des patrimoines; pour les uns ce sera le moyen d'obtenir le payement immédiat d'une créance actuellement exigible dans le rang que la séparation des patrimoines leur attribue, pour les autres l'inscription constituera une mesure conservatoire du droit de préférence pour des créances qui ne sont pas encore échues ou dont l'existence est suspendue par l'événement d'une condition. Ajoutons que l'inscription pourra être prise même par les créanciers qui n'ont aucun titre; seulement le juge-commissaire chargé de l'ordre devra statuer sur la validité de ces créances, et, en cas de contestation, le tribunal sera saisi.

Parlons maintenant des effets de l'inscription. Ces effets peuvent être modifiés d'une manière sensible par la date de l'inscription : ainsi, lorsque l'inscription est prise dans les six mois de l'ouverture de la succession, elle rétroagit au jour du décès, tandis que, prise après l'expiration de ce délai, elle n'a d'effet qu'à sa date. Telles sont les dispositions des articles 2111 et 2113. On peut les justifier en disant que le délai de six mois est nécessaire aux créanciers héréditaires pour délibérer; peut-être ne connaissent-ils ni la personne de l'héritier ni les risques d'insolvabilité qu'il peut présenter; ce délai expiré, ils ont dû prendre leur parti. Dans tous les cas, l'intérêt de la circulation des biens ne permettait pas qu'on pût, au moyen d'une inscription tardive, frapper rétroactivement d'un droit de préférence les biens de la succession entrés par l'effet de la saisine dans le patrimoine propre de l'héritier. Notons cependant, pour bien caractériser la nature de ces inscriptions, qu'elles ne tiennent pas à l'essence même de la séparation. Ainsi, quand l'ordre est ouvert dans les six mois du décès, les créanciers de l'héritier se prévaudraient vainement du défaut d'inscription; les créanciers de la succession sont encore dans le délai de l'article 2111 et leur inscription rétroagira au jour de l'ouverture de la succession. De même, en supposant le délai de six mois expiré, les créanciers simplement chirographaires de l'héritier ne pourront jamais se prévaloir du défaut d'inscription à l'encontre des créanciers de la succession. Que vous importe ? diront ces derniers; n'avons-nous pas le droit de prendre une inscription? et cette inscription, quelle qu'en soit la date, nous donnera un rang préférable à celui des créanciers chirographaires de l'héritier. C'est qu'en effet l'article 2113 ne modifie les effets attribués à l'inscription par l'article 2111 que dans les rapports des créanciers de la succession avec les créanciers privilégiés ou hypothécaires de l'héritier; quoi qu'il en soit, les créanciers héréditaires auront un sérieux intérêt à remplir dans le plus bref délai possible la formalité de l'inscription : leur négligence les exposerait au concours des créanciers auxquels l'héritier a consenti une hypothèque ou de ceux qui viennent en vertu d'une hypothèque générale sur tous les biens dispensée d'inscription.

L'action en séparation laisse subsister la saisine et avec elle le droit de disposition qui appartient à tout propriétaire. Or, aux termes de l'article 880, « l'action en séparation peut être exercée sur les immeubles tant qu'ils sont dans la main de l'héritier; » Mais à partir de quel moment l'immeuble doit-il être considéré comme aliéné au regard des créanciers héréditaires? Suivant nous, dès qu'il y a accord sur la chose et sur le prix, l'aliénation leur est opposable; la transcription n'a d'autre objet que de porter la vente à la connaissance des tiers qui pourraient prétendre des droits réels sur l'immeuble, elle laisse subsister le droit à la séparation qui se transporte, ainsi que nous l'avons

démontré, de la chose vendue sur le prix qui est dû. Tant que
l'article 834 du Code de procédure a été en vigueur, la doctrine
enseignait généralement que l'inscription de la séparation ne
pouvait plus avoir lieu après la quinzaine de la transcription;
peut-être le défaut de précision du second alinéa de cet article
autorisait-il une semblable interprétation contre laquelle protes-
taient déjà MM. Aubry et Rau (¹). Et sait-on la raison que donnaient nos éminents auteurs? C'est que la séparation ne saurait
être considérée comme un véritable privilége; elle ne constitue
pas une qualité de la créance, mais le droit de préférence qu'elle
confère est plutôt une conséquence de la règle *bona non intelliguntur nisi deducto ære alieno.* Ces raisons prennent bien plus de
force depuis la promulgation de la loi du 23 mars 1855. Les
créanciers héréditaires ne peuvent prétendre qu'un simple droit
de préférence sur le prix; l'aliénation n'y fait aucun obstacle;
elle leur est, par conséquent, opposable du jour où elle a été con-
sommée, indépendamment de toute transcription. La doctrine
que nous venons d'exposer est la conséquence du système que nous
avons essayé de faire prévaloir sur la nature juridique de la séparation des patrimoines. Elle devrait être profondément modifiée
par ceux qui voient dans la séparation un véritable privilége
muni d'un droit de suite. L'aliénation est donc opposable aux
créanciers héréditaires dès l'instant où le contrat de vente est
formé, mais cette aliénation, alors même qu'elle est suivie de
transcription, n'empêchera point les créanciers et légataires de
faire inscrire la séparation. Pourquoi la transcription suspend-elle
le cours des inscriptions des priviléges, hypothèques et autres
droits réels de toute nature qui viendraient frapper l'immeuble
du chef du vendeur? C'est que, du jour de la transcription, le
vendeur a cessé d'être propriétaire non-seulement dans ses
rapports avec l'acheteur, mais même au regard des tiers. L'inscription d'un droit réel, qui ne viendrait pas du chef de l'acheteur, serait donc une atteinte au droit de propriété. La situation
change, au contraire, dès que l'inscription a pour objet la séparation des patrimoines. En quoi cette inscription peut-elle porter

(¹) Aubry et Rau, § 619, note 48.

atteinte au droit de propriété de l'acheteur qu'elle ne vise nullement? Elle établira un simple droit de préférence sur le prix, s'il n'est pas encore payé, et l'acheteur sera entièrement libéré en produisant la quittance du prix. La doctrine que nous venons de développer aura bien son utilité dans la pratique. Prenons une espèce. L'immeuble héréditaire a été aliéné par l'héritier dans les six mois de l'ouverture de la succession, avec cette circonstance que, préalablement à la vente, l'héritier avait consenti une hypothèque au profit d'un de ses créanciers; le créancier héréditaire, qui fait inscrire la séparation avant l'expiration du délai de six mois, sera payé sur le prix de l'immeuble préférablement au créancier hypothécaire de l'héritier : c'est la conséquence de la rétroactivité attribuée à l'inscription par l'article 2111.

SECTION II

DE L'INFLUENCE DU BÉNÉFICE D'INVENTAIRE SUR LA SÉPARATION DES PATRIMOINES.

Lorsque l'héritier accepte une succession sous bénéfice d'inventaire, le patrimoine héréditaire se trouve séparé du patrimoine propre de l'héritier; les biens compris dans le patrimoine de la succession sont soumis à une administration particulière dont les règles sont tracées par les articles 986-997 du Code de procédure; les effets de la saisine se trouvent suspendus dans l'intérêt de l'héritier, et, par une juste réciprocité, les créanciers du défunt conservent pour gage exclusif le patrimoine héréditaire. Le régime bénéficiaire, empêchant la confusion, a pour résultat de rendre inutile la demande en séparation des patrimoines. Ce point est hors de toute controverse. Mais l'héritier peut encourir la déchéance de ce régime, soit par un acte purement volontaire de sa part, soit sur la poursuite des créanciers. Ainsi, de même que l'héritier peut revenir sur sa renonciation alors que la succession n'a pas encore été acceptée par les héritiers du degré subséquent, de même l'héritier bénéficiaire, mieux instruit des forces de la succession, peut renoncer à son bénéfice afin de se soustraire aux formalités d'une administration gênante. Certains actes font même présumer cette renonciation, parce qu'ils impliquent de la part de l'héritier la volonté de se porter héritier pur et simple. Dans ces différentes hypothèses, le régime bénéficiaire, qui avait pour effet d'empêcher la confusion, cesse pour faire place au régime de l'acceptation pure et simple. On comprend facilement l'intérêt que peuvent avoir les créanciers à se demander si, même en présence de la séparation opérée par l'acceptation bénéficiaire, ils doivent requérir l'inscription de l'article 2111. Qu'arrivera-t-il en effet si, par un acte quelconque de l'héritier, les deux patrimoines, distincts jusqu'alors, viennent à se confondre plus de six mois après l'ouverture de la succession? Les créanciers héréditaires devront prendre l'inscription de l'article 2113, mais cette mesure les laisse à la merci des créanciers de l'héritier qui ont eu soin de faire inscrire leurs priviléges et hypothèques à une date plus ancienne.

Cette question d'un intérêt flagrant fait encore aujourd'hui l'objet des plus vives controverses. La jurisprudence et avec elle un grand nombre d'auteurs considèrent l'inscription de l'article 2111 comme inutile en présence de la séparation de fait qui s'est opérée au moment de l'ouverture de la succession, en d'autres termes, l'acceptation bénéficiaire leur paraît définitive et irrévocable au regard des créanciers héréditaires. Cherchons à pénétrer les motifs de cette solution. L'acceptation bénéficiaire produit deux ordres d'effets bien distincts : d'une part, elle permet à l'héritier de n'être tenu des dettes de l'hoirie qu'*intrà vires emolumenti*; d'autre part, elle empêche la confusion des patrimoines et rend par conséquent inutile l'inscription de l'article 2111. Sans doute, l'héritier qui renonce au bénéfice d'inventaire sera tenu des dettes et charges de la succession comme s'il était personnellement obligé, car il a pu valablement négliger les avantages que lui conférait l'acceptation bénéficiaire pour s'en tenir au régime de l'acceptation pure et simple, mais cette renonciation ne saurait avoir d'effet à l'égard des créanciers qui ont dû légitimement considérer le patrimoine héréditaire comme leur gage exclusif: n'est-ce pas rigoureusement équitable? L'acceptation bénéficiaire a été faite au greffe du tribunal : dès lors, les créanciers de la succession ont eu connaissance de la séparation des patrimoines, et les créanciers de l'héritier ont été suffisamment prévenus que les biens de la succession ne deviendraient leur gage qu'après le désintéressement complet des créanciers héréditaires. La déclaration faite devant un officier public peut être considérée à bon droit comme un titre définitif et irrévocable pour les créanciers de la succession. Le législateur a-t-il organisé en regard une mesure de publicité destinée à porter à la connaissance des tiers l'acte par lequel l'héritier renonce au bénéfice d'inventaire? On doit conclure du silence de la loi que cette renonciation ne saurait être opposable aux créanciers qui, dans l'espèce, doivent certainement être considérés comme des tiers. Au reste, si la renonciation est purement volontaire de la part de l'héritier, il serait inique d'admettre qu'elle pourra être dommageable pour les créanciers; si la déchéance est prononcée sur la demande des créanciers, ils ne sauraient s'en plaindre (¹).

La solution contraire nous semble préférable. C'est à tort, suivant nous, que l'on considère le bénéfice d'inventaire comme une institution à double face, ayant pour objectif tout à la fois l'intérêt de l'héritier et l'intérêt des créanciers. L'héritier veut-il prévenir les effets de la saisine et n'être tenu des dettes que dans la limite de son émolument? La loi met à sa disposition le bénéfice d'inventaire; peut-être cependant, après avoir pris connaissance des forces de la succession, trouvera-t-il les formalités de ce régime un peu étroites; la loi lui permet de renoncer à son bénéfice et de revenir au régime de l'acceptation pure et simple. La séparation des patrimoines n'était qu'une conséquence accessoire qui s'évanouira avec le régime bénéficiaire : *cessante causd, cessat effectus*. Le bénéfice d'inventaire a été établi dans l'intérêt exclusif de l'héritier. N'est-ce pas le caractère que lui a donné Justinien en l'organisant dans la loi 22 au Code *De jure deliberandi* et qu'il a toujours conservé dans notre ancienne jurisprudence? « Il est loisible, disait l'article 341 de la coutume d'Orléans, à celui qui s'est porté héritier bénéficiaire, de se porter, puis après, héritier pur et simple. » Basnage disait, sur l'article 11 de la coutume de Normandie, portant la même décision : « qu'il n'était

____

(¹) Aubry et Rau, § 619, notes 71 et 75. Rouen, 24 janvier 1841. Caen, 26 février 1849. Nîmes, 21 juillet 1852. Cassation, 29 juin 1853, 3 août 1859, 8 juin 1863.

pas nécessaire, qu'on n'en pouvait douter. » Enfin Davot, se demandant si l'héritier bénéficiaire peut changer, s'il peut revenir et se déclarer héritier pur et simple, répond : « Oui, c'est une maxime (1). » Chose bien plus grave! L'acceptation bénéficiaire constituait si peu un droit acquis pour les créanciers, elle était si peu irrévocable, qu'un héritier, offrant d'accepter purement et simplement, pouvait forcer le bénéficiaire à se dessaisir de la succession. Rien n'indique que ce régime ait été modifié dans son essence en passant dans notre droit. Serait-ce dans l'intérêt des créanciers héréditaires? Mais cet intérêt n'est nullement en jeu; les créanciers savent que l'héritier bénéficiaire peut toujours revenir au régime de l'acceptation pure et simple; ils ont dû en conséquence prendre l'inscription de l'article 2111.

Ainsi, aucun précédent, aucun principe n'autorise à raisonner de la manière suivante : si l'héritier a la faculté de renoncer au droit introduit en sa faveur, il ne peut cependant, par un acte de sa propre volonté, mettre à néant le droit des créanciers héréditaires. L'héritier, qui a accepté sous bénéfice d'inventaire, a entendu faire sa propre affaire, non celle des créanciers de la succession. La loi offre aux créanciers un moyen bien simple de se prémunir contre l'éventualité d'une renonciation, c'est l'action en séparation des patrimoines et l'inscription de l'article 2111 qui lui donne un effet rétroactif au jour de l'ouverture de la succession. Mais on insiste et l'on dit : aux termes des articles 988 et 989 du Code de procédure, l'héritier, qui n'observe pas certaines formalités dans la vente des immeubles de la succession, sera déchu du bénéfice d'inventaire; la déchéance est considérée par la loi comme une peine; donc elle ne produira aucun effet contre les créanciers de la succession. Cette objection que nous lisons dans un grand nombre d'auteurs ne nous arrêtera pas longtemps. Les articles 988 et 989 du Code de procédure signifient simplement que l'héritier, qui aurait vendu un bien meuble ou immeuble de la succession sans avoir recours aux formalités de justice, pourra être, sur la demande des créanciers, déclaré héritier pur et simple. L'expression « à peine d'être réputé héri-

____

(1) Liv. III, traité V, ch. XIX, n° 24.

tier pur et simple » doit être prise dans son ensemble; elle n'est nullement constitutive d'une pénalité à l'encontre de l'héritier ; elle n'exclut même pas de la part de ce dernier un acte volontaire et réfléchi. Le sens de ces mots n'est autre que celui-ci : il y a présomption que l'héritier, qui aliène un bien de la succession sans avoir recours aux formalités de justice, entend se porter héritier pur et simple (¹).

Certains auteurs ont proposé de faire courir le délai de l'article 2111 du jour de la renonciation au régime bénéficiaire, mais, outre que cette renonciation pourra rester inconnue aux créanciers, l'article 777 fait remonter l'acceptation au jour de l'ouverture de la succession. Ce système est donc arbitraire et contraire au texte de la loi.

SECTION III

CAS OU LA SUCCESSION EST VACANTE.

Lorsque la succession est vacante, les créanciers n'ont aucune confusion à redouter; les biens sont administrés par un curateur qui n'est ni successible ni héritier. Notons cependant qu'il sera bon, ne fût-ce que par prudence, de prendre des mesures conservatoires de l'action en séparation et notamment l'inscription de l'article 2111, car l'héritier pourra toujours se présenter et l'effet de l'acceptation remonte au jour de l'ouverture de la succession (art. 777). Or, il arriverait que l'inscription prise après les six mois du décès n'aurait d'effet qu'à sa date.

SECTION IV

DE L'INFLUENCE DE LA FAILLITE DE L'HÉRITIER SUR LA SÉPARATION DES PATRIMOINES.

On sait quelles sont les conséquences de l'état de faillite. Le failli est dessaisi de tous ses biens dont l'administration est confiée à un syndic. L'obligation contractée par le failli sera nulle

---

(¹) En ce sens : MM. Duc. Bonn, Roust, art. 878, c. civ. Demolombe, *Succ.*, t. III. nᵒˢ 171 et suiv.; Mourlon, *Examen critique*, t. II, nᵒ 317.

au regard des créanciers de la faillite qui ont une hypothèque générale sur la masse des biens (art. 491 et 517 Code de commerce), ou plutôt celui au profit de qui elle aura été consentie ne pourra être payé sur les biens qui resteront qu'après l'entier désintéressement des créanciers de la faillite. L'article 448 du Code de commerce nous dit que l'inscription des priviléges et hypothèques ne peut être prise sur les biens du failli après le jugement déclaratif de la faillite. L'inscription peut-elle être demandée dans la période de suspension des payements? Oui et non, suivant les cas, mais cette question est étrangère à notre sujet. Faut-il comprendre, dans les termes prohibitifs de l'article 448, l'inscription que les créanciers doivent prendre sur les immeubles de la succession à l'effet de conserver l'action en séparation des patrimoines? Nous répondons résolûment : non. Les causes d'extinction de la séparation des patrimoines sont : la prescription, la novation, la confusion et l'aliénation, jamais la faillite de l'héritier. Peu importe, du reste, que l'on considère la séparation des patrimoines comme un simple droit de préférence ou comme un véritable privilége muni du droit de suite. Dans le premier cas, les termes mêmes de ı article 448 qui ne parlent que « de l'inscription des priviléges et hypothèques » excluent positivement la séparation des patrimoines. Dans le second, nous dirons que la séparation des patrimoines est un privilége d'une nature particulière et qu'on ne pourrait, sans fausser complétement l'esprit de la loi, le comprendre dans la disposition générale de l'article 448. Quel est l'objectif du législateur quand il prohibe l'inscription des priviléges et hypothèques après le jugement déclaratif de faillite? Il a voulu empêcher la collusion qui consisterait de la part du failli à donner à certains de ses créanciers des causes de préférence telles qu'un privilége ou une hypothèque. Or, cette collusion n'est pas possible entre l'héritier failli et les créanciers de la succession. Et puis les biens héréditaires n'entrent dans le patrimoine du failli que déduction faite des dettes et charges de la succession : *bona non intelliguntur nisi deducto œre alieno.* L'inscription de l'article 2111, qui remonte quant à son effet au jour de l'ouverture de la succession, a précisément pour but de frapper les biens héréditaires avant même qu'ils ne soient grevés d'une charge quelconque du chef de l'héritier.

Les créanciers héréditaires ont laissé passer les six mois de l'ouverture de la succession ; ils ne peuvent plus s'inscrire que conformément à l'article 2113, c'est-à-dire que leurs inscriptions auront un rang inférieur à celles des créanciers de l'héritier qui auraient eu soin de s'inscrire à une date antérieure. Quelle sera, dans cette hypothèse, la position respective des créanciers de la succession et des créanciers du failli ? Sous l'empire du Code de commerce de 1807, le doute était possible ; l'existence d'une hypothèque générale au profit des créanciers du failli ne paraissait nullement démontrée. Depuis la loi du 28 mai 1838, cette hypothèque légale, résultant du jugement déclaratif de la faillite, se trouve établie d'une manière définitive par la combinaison des articles 490 et 517 du Code de commerce. L'article 517, qui remplace l'article 324 de l'ancien code, est ainsi conçu : « L'homologation conservera à chacun des créanciers sur les immeubles du failli l'hypothèque inscrite en vertu du troisième paragraphe de l'article 490. » Les créanciers de la succession, qui auront pris une inscription tardive, devraient à la rigueur être évincés par la masse des créanciers du failli; peut-être sera-t-il plus équitable de les admettre à concourir au marc le franc avec ces derniers, car le failli, par suite de l'acceptation qu'il a faite de la succession, est devenu leur débiteur.

CHAPITRE VI

Comment se perd la séparation des patrimoines.

Les causes qui anéantissent le droit des créanciers de la succession à la séparation du patrimoine sont au nombre de quatre :
1° renonciation explicite ou implicite ; 2° confusion résultant de
l'impossibilité de distinguer le patrimoine de la succession du
patrimoine propre de l'héritier ; 3° aliénation des biens héréditaires ; 4° prescription.

SECTION Iʳᵉ

RENONCIATION EXPLICITE OU IMPLICITE.

On peut renoncer d'une manière expresse au droit de demander la séparation des patrimoines. Ce point n'est guère susceptible d'être controversé : seuls, les droits qui ont été institués dans un intérêt d'ordre public ne peuvent faire l'objet
d'aucune renonciation. Mais quelles personnes ont qualité pour
figurer dans l'acte de renonciation ? Ce ne sera pas l'héritier, puisqu'il reste obligé vis-à-vis des créanciers héréditaires par suite de
son acceptation pure et simple ; il lui importe peu que les créanciers de la succession soient payés sur les biens du défunt ou
sur ses biens personnels ; pour lui la séparation, ainsi que nous
l'avons dit plus haut, est *res inter alios acta*. La renonciation doit
intervenir entre les créanciers de la succession et les créanciers
de l'héritier. Elle sera faite le plus souvent dans la forme transac-
tionnelle, mais elle pourrait être effectuée de toute autre
manière. La renonciation profitera quelquefois à certains créanciers de l'héritier et pas à d'autres : cela arrivera quand l'un
des créanciers de la succession a entendu favoriser un ou plusieurs créanciers de l'héritier, en les admettant à concourir avec
lui sur les biens héréditaires ; notons cependant qu'un semblable
contrat ne saurait être dommageable pour les autres créanciers
de la succession, qui obtiendront toujours la part qu'ils auraient
eue dans un ordre ouvert entre tous les créanciers du vivant du

défunt. Enfin la renonciation, comme tout pacte sur succession future, pourrait être arguée de nullité si elle était intervenue avant le décès du *de cujus* (art. 791-1130).

La renonciation peut être implicite. L'article 879 indique vaguement certaines circonstances qui font présumer l'intention de renoncer : « Ce droit (la séparation des patrimoines) ne peut cependant plus être exercé, lorsqu'il y a novation dans la créance contre le défunt, par l'acceptation de l'héritier pour débiteur. » Le texte de cet article nous conduit immédiatement à examiner quelle est la novation qui rend irrecevable l'action en séparation des patrimoines. Est-ce la novation de l'article 1271? Quelques auteurs l'ont soutenu. Suivant Marcadé, l'article 879 prévoit l'hypothèse de la novation par changement de débiteur. « On peut dire qu'il y a vraiment novation par changement de débiteur relativement aux principes de la séparation des patrimoines. En effet, il s'agit d'un créancier qui peut rester créancier du défunt, de la succession, et qui consent à devenir celui de l'héritier. Puisque, pour débiteur, il prend l'héritier (qu'il accepte comme propriétaire unique des deux patrimoines confondus en un), tandis qu'il pourrait conserver pour débiteur la succession (avec son patrimoine distinct de celui de l'héritier), il devient donc vrai de dire qu'il y a novation par changement de débiteur ('). » Aux termes de l'article 1271, la novation peut se faire de trois manières : par la substitution d'un nouveau débiteur ou d'un nouveau créancier à ceux qui figuraient primitivement dans l'obligation et par le changement de l'objet qui faisait la matière du contrat. La novation de l'article 879 ne s'opère évidemment ni par le changement de créancier ni par le changement de la chose due : il ne resterait donc que la novation par changement de débiteur, celle que vise spécialement le fragment que nous venons de citer. Peut-on raisonnablement voir une novation par changement de débiteur dans la substituteur de l'héritier au *de cujus?* L'héritier n'est-il pas le continuateur de la personne du défunt? N'est-ce pas une règle de droit commun que, dans tous les contrats, on stipule ou l'on s'oblige pour soi-même et pour

---

(¹) Marcadé, t. III. *Sur les articles 878-880.* § 2.

ses héritiers? Donc, l'explication de Marcadé doit être abandonnée. Mais alors quelle sera la signification précise de l'article 879? Sans revenir sur la partie romaine de ce travail, rappelons en passant que les conditions de la novation étaient infiniment moins rigoureuses du temps d'Ulpien que dans la législation de Justinien. Du temps d'Ulpien, il suffisait que l'intention de nover résultât de la stipulation elle-même; sous Justinien, au contraire, l'*animus novandi* devait être formellement exprimé dans l'acte. Ainsi certaines stipulations, qui rendent l'action en séparation des patrimoines irrecevable de la part des créanciers, sont-elles qualifiées de novation par Ulpien; ces mêmes stipulations ne constituent plus une novation dans la législation de Justinien, mais elles emportent déchéance de l'action en séparation lorsqu'elles impliquent la *mens eligendi*, l'intention de choisir l'héritier pour débiteur. C'est cette distinction entre l'*animus novandi* et la *mens eligendi* que Pothier n'a pas bien saisie. Aussi a-t-il reproduit sans autre explication le mot *novation*. « Cette séparation ne peut être demandée par les créanciers du défunt, lorsqu'ils ont fait novation de la créance qu'ils avaient contre le défunt, en une créance contre l'héritier, en le prenant pour leur propre débiteur à la place du défunt; car par là ils ont cessé d'être créanciers du défunt et deviennent plutôt créanciers de l'héritier (¹). » Ce texte nous donnera peut-être l'explication de l'article 870. La *mens eligendi*, qui se comprend dans le système romain où il y a deux masses de créanciers et deux patrimoines distincts, ne cadre plus avec la théorie de notre ancien droit; on sait, en effet, que la séparation des patrimoines, d'après Pothier, ne fait point obstacle à la saisine et qu'elle se résout en un simple droit de préférence sur les biens qui proviennent de la succession : mais ce jurisconsulte a trouvé plus commode de s'emparer de l'idée romaine en la traduisant par un mot impropre. Les rédacteurs du Code ont fidèlement reproduit les idées de Pothier et la novation de l'article 870 ne saurait avoir d'autre signification que celle qui lui est attribuée dans notre ancienne jurisprudence.

(¹) Pothier, *Des Suc.*. ch. \. section IV.

Ainsi, le fait de choisir l'héritier pour débiteur implique de la part des créanciers l'intention de renoncer à l'action en séparation. Mais dans quelles circonstances cette présomption sera-t-elle suffisamment établie? Le silence de la loi laisse le champ libre à la controverse et les tribunaux ont largement usé jusqu'à ce jour du droit d'interprétation. Nous nous efforcerons, en parcourant quelques espèces, de préciser la pensée de la loi sans nous dissimuler tout ce qu'il y a de délicat dans une semblable recherche. « Cette renonciation, dit M. Laurent, se conçoit difficilement : celui qui a deux débiteurs renonce-t-il à son droit contre l'un en agissant contre l'autre? Non certes; on doit néanmoins admettre la renonciation, puisque le Code la consacre. Mais, dans l'application, la doctrine et la jurisprudence reculent, et si l'on consultait l'intention du créancier, on ne l'admettrait jamais. Voici donc la difficulté inextricable dans laquelle on se trouve engagé. La novation spéciale de l'article 879 implique que le créancier renonce à son droit contre la succession; il n'y a pas de renonciation sans intention de renoncer, le créancier n'a pas cette intention, et cependant il faut admettre la novation [1]. »

On admet généralement qu'il y a novation au sens de l'article 870 lorsque le créancier de la succession a reçu de l'héritier une caution, un gage. C'était la décision du Droit romain. Quelques auteurs, et notamment M. Barafort [2], n'admettent cette solution que sous le bénéfice de certaines restrictions. Ainsi le créancier qui, en acceptant un gage, une caution, aurait soin de déclarer qu'il n'entend considérer l'héritier que comme détenteur des biens de la succession, n'encourrait aucune déchéance. Comment supposer, en effet, que ce créancier a voulu suivre la foi de l'héritier *cum animo novandi et mente eligendi.* L'héritier, de son côté, en sa qualité d'administrateur des biens de la succession, a un intérêt manifeste à éviter des poursuites rigoureuses et inopportunes. Ces raisons ne nous touchent nullement. Deux hypothèses peuvent se présenter: l'objet donné en gage appartient à la succession ou bien il est pris dans le patrimoine de l'héritier.

---

[1] Laurent, *Sur le Code civil,* t. IX, p. 61.
[2] Barafort, p. 108, nº 62.

Notre conclusion sera la même dans l'un et l'autre cas. En effet, si la chose est prise dans les biens héréditaires, on ne peut supposer que le créancier a voulu acquérir une cause de préférence sur ses cocréanciers et conserver en même temps le bénéfice de l'article 878. Quel est donc l'objet de la séparation, sinon de maintenir les choses en l'état où elles se trouvaient du vivant du *de cujus?* Si nous supposons que la chose appartient en propre à l'héritier, nous croyons véritablement qu'il n'est guère possible de considérer ce dernier comme un tiers venant cautionner la dette d'autrui, de le traiter comme un débiteur accessoire, le défunt restant le débiteur principal. L'interprétation vraie de cet acte ne saurait être que dans l'intention clairement manifestée de suivre la foi de l'héritier. Le même raisonnement peut s'appliquer au créancier qui reçoit un cautionnement.

On doit considérer comme emportant renonciation à la séparation des patrimoines l'acte par lequel le créancier accepte la délégation d'un tiers qui doit payer au lieu et place de la succession ; il importerait peu, du reste, que le créancier qui reçoit la délégation eût négligé de décharger en même temps la succession, bien que cette condition soit exigée à peine de nullité dans une novation véritable (1275).

Faire consentir une hypothèque par l'héritier, produire à l'ordre ouvert contre lui, obtenir la conversion d'un capital exigible en rente perpétuelle ou viagère, tous ces actes impliquent de la part des créanciers la volonté expresse de renoncer à la séparation des patrimoines. (Caen, 21 octobre 1826.)

Le créancier qui reçoit des billets souscrits par l'héritier n'est pas censé renoncer à la séparation des patrimoines, quand il ne les accepte que sous la condition de leur payement. S'ils ne sont pas payés à l'échéance, la condition étant défaillie, le créancier a conservé le défunt pour débiteur. (Nîmes, 21 juillet 1852.)

On voit par les exemples que nous venons de donner combien difficile est la recherche de l'intention dans les actes si multiples que le contact des intérêts fait naître entre l'héritier et les créanciers de la succession. Ces difficultés n'existaient pas en Droit romain ; dès que la séparation avait été prononcée par le préteur, les créanciers étaient en présence, non plus de l'héritier, mais d'un curateur aux biens. En Droit français, au contraire, les créanciers sont bien souvent dans la nécessité de traiter avec l'héritier qui reste propriétaire et administrateur des biens de la succession : aussi devront-ils avoir soin de bien préciser en quelle qualité ils agissent. Le créancier qui aura sollicité et obtenu la concession ou la prolongation d'un terme ne sera pas nécessairement déchu du droit de demander la séparation ; c'est bien à l'héritier, pris comme détenteur des biens de la succession, que la demande devait être adressée, et l'héritier, en concédant un terme ou en prolongeant le délai déjà accordé, a peut-être agi en bon administrateur. Les créanciers pourront recevoir des intérêts et se faire donner des à-comptes : ces actes rentrent bien dans les limites de l'administration confiée à l'héritier. On comprend facilement que les titres ne peuvent être signifiés qu'à l'héritier ; la force des choses et la logique des principes le veulent ainsi. Enfin les poursuites ne sauraient être exercées que contre celui qui détient les biens de la succession, c'est-à-dire l'héritier. Ces conséquences découlent nécessairement du maintien de la saisine ; elles n'impliquent nullement de la part des créanciers l'intention de renoncer à l'action en séparation : seulement on devra avoir soin de bien spécifier que l'héritier est poursuivi, non pas comme représentant du défunt, mais simplement comme détenteur des biens de la succession.

Le créancier d'une succession, qui accepte l'un des héritiers pour débiteur, fait-il novation à l'égard des autres héritiers? Cette question doit être résolue négativement. Le créancier de la succession, tant qu'il n'a pas renoncé implicitement ou explicitement, conserve le droit de demander la séparation contre les autres héritiers. La Cour de cassation en a jugé ainsi dans un arrêt du 3 février 1857 (Dalloz, 57, 1, 49). L'acceptation d'un héritier pour débiteur ne change en rien la situation au regard des autres héritiers ; on en comprend facilement le motif, car la séparation n'a été instituée que pour prévenir le préjudice qui pourrait résulter de l'insolvabilité de l'héritier : or, l'un des héritiers peut être insolvable, tandis que les autres sont parfaitement solvables. La créance subsistera donc avec son caractère primitif contre les autres héritiers. Pareillement les créanciers héréditaires qui auraient fait novation en acceptant l'héritier, ou les héritiers, pour débiteurs, ne pourraient se prévaloir de la séparation obtenue par leurs cocréanciers. Il est de principe, en effet, que le droit de séparation est personnel, et non pas collectif entre tous les créanciers de la succession. Parmi ces créanciers, les uns plus vigilants conservent l'action, les autres plus négligents la perdent ou ne peuvent s'en prévaloir qu'à l'encontre de certains créanciers de l'héritier. D'ailleurs, le texte de l'article 879 ne comporte aucune distinction. Le droit ne peut plus être exercé, dit-il, dès qu'il y a novation par l'acceptation de l'héritier pour débiteur. On le voit, cet article ne fait aucune réserve pour le cas où certains créanciers, mieux avisés ou plus prudents, au-. raient conservé l'action en séparation conformément. aux règles de la matière.

SECTION II

CONFUSION.

La confusion constitue un mode d'extinction de l'action en séparation des patrimoines. On entend par confusion, en cette matière, l'impossibilité matérielle de distinguer les biens du défunt et les biens personnels de l'héritier. Aussi cette confusion présente-t-elle des caractères tout à fait différents de la confusion de droit qui résulterait, par exemple, de la réunion sur une seule tête des qualités de nu-propriétaire et d'usufruitier, de créancier et de débiteur. Au point de vue du pur droit, la confusion existe par le fait de la transmission des biens et les deux masses ne forment, en réalité, qu'un seul et même patrimoine. Mais, tant que les biens de la succession existent dans leur individualité, tant qu'ils peuvent être matériellement distingués des biens propres de l'héritier, le droit de demander la séparation existe; il cessera, au contraire, dès qu'il devient impossible d'indiquer la provenance de chacun des biens : *nisi ita conjunctæ possessiones sint et permixtæ propriis ut impossibilem separationem effecerint.*

La confusion se produira rarement pour les immeubles. Les titres de propriété, le cadastre et les plans qui y sont annexés, lèveront presque toujours les difficultés. Mais il peut arriver que

les immeubles de la succession ont été vendus en même temps
que ceux qui appartiennent en propre à l'héritier, soit à l'amiable,
soit en justice, pour un seul et même prix, sans que les créanciers du défunt s'y soient opposés. La jurisprudence considère
que la demande en séparation doit être plus facilement rejetée si
les créanciers ont consenti, d'une manière expresse ou tacite, à
l'aliénation qui a opéré la confusion; s'il était prouvé, au contraire, que l'aliénation a eu lieu à l'insu des créanciers de la succession, ou tout au moins en dehors de leur concours, on devra
se montrer plus disposé à accueillir les moyens de ventilation qui
seront proposés (¹). Dans l'espèce de la Cour de Grenoble du
30 août 1831 (Dall., 1832, 2, 150), une estimation préalable des
biens de l'héritier avait été faite par des experts, et leur rapport
annexé à l'acte de vente offrait des éléments de ventilation. On
ne pouvait donc plus dire avec le Droit romain : *bona hereditaria
bonis heredis mixta sunt, non potest impetrari separatio.* La confusion des immeubles peut se produire d'une autre manière : l'héritier a fait des constructions, des réparations qui ont considéra-
blement augmenté la valeur de l'immeuble héréditaire; cette
plus-value est incontestablement le gage de tous les créanciers
sans distinction, et alors on s'est demandé si la séparation des
patrimoines peut être invoquée sur l'immeuble ainsi transformé.
Un arrêt de Grenoble du 18 août 1828 a résolu la question (Dalloz 1829, 2, 22). Oui, la séparation pourra être invoquée s'il est encore possible de déterminer la plus-value sans avoir recours à
des procédures dispendieuses et dont le résultat serait toujours
plus ou moins incertain; dans le cas contraire, on devra décider
que la confusion s'est opérée et que les créanciers ne sont plus
recevables à demander la séparation.

La confusion des meubles est bien plus à redouter. Parlons
d'abord des meubles incorporels. La confusion est évidemment
impossible pour les créances et titres nominatifs, mais elle devient, au contraire, facile pour toutes les obligations industrielles
et titres quelconques qui sont au porteur. Quelques auteurs sou-

---

(¹) Cassation, 25 mai 1812, S., 1312, 1, 365. Riom, 3 août 1826, Dalloz, 1820,
2, 107. Grenoble, 7 février 1827, Dalloz, 1828, 2, 99. Grenoble, 9 mars 1831,
·Dalloz, 1832, 2, 200.

tiennent néanmoins que l'origine de ces valeurs peut être recherchée grâce à leur numéro d'ordre. La confusion des deniers et des denrées de toute nature sera presque toujours la conséquence de la transmission des biens ; nous avons indiqué plus haut les moyens à l'aide desquels les créanciers pouvaient la prévenir : inventaire, apposition des scellés. Les objets qui seraient entre les mains d'un dépositaire ou d'un séquestre seraient également préservés de la confusion, au moins tant qu'ils restent en dehors du patrimoine de l'héritier. Mais, ces divers moyens étant toujours incertains dans leurs résultats, les créanciers agiront prudemment en prenant sans délai des mesures d'exécution telles qu'une saisie-arrêt. La confusion, en effet, pourra toujours se produire après la restitution du dépôt, après la levée des scellés ou du séquestre. L'inventaire lui-même n'empêchera pas que l'héritier ne fasse l'emploi des deniers au payement de ses créanciers, que les denrées ne soient consommées, les meubles meublants vendus et leur prix payé entre les mains de l'héritier. Certains auteurs pensent que l'inventaire légal des meubles de la succession est un obstacle permanent à la confusion ; suivant eux, l'héritier devrait la restitution des meubles inventoriés ou leur valeur. Sur quels principes étayer un pareil système? Comment soutenir que le prix des objets vendus sera frappé d'un droit de préférence au profit des créanciers héréditaires? Cela ne serait possible que si le prix n'avait pas été payé ; dans le cas contraire, les créanciers de l'héritier pourraient invoquer la confusion qui s'est opérée au moment du payement à l'effet d'écarter tout droit de préférence. Quant aux tiers acquéreurs qui ont payé le prix de bonne foi, ils ne sauraient être inquiétés en aucune façon (art. 2119 et 2279) ; le prix qui serait encore dû pourrait encore être frappé d'un droit de préférence : *pretium succedit in locum rei*. Pour nous, lorsque les objets inventoriés ont été vendus et le prix payé par les tiers acquéreurs, deux voies sont ouvertes aux créanciers qui veulent obtenir réparation du dommage qui leur a été causé : ils peuvent, d'une part, agir en vertu de l'article 1167 et demander la rescision de la vente qui a été faite en fraude de leurs droits, et, d'autre part, soutenir que des dommages-intérêts leur sont dus en vertu du principe de l'article 1382.

Mais ces deux actions soumises, quant à leur exercice à des conditions différentes, aboutiront à des résultats qu'il importe de caractériser. L'action Paulienne exigera de la part des créanciers la preuve que l'héritier a été *conscius fraudis* et que le tiers acquéreur a été complice de la fraude; de plus, après la rescision de la vente, l'objet rentré dans le patrimoine de l'héritier pourra être frappé d'un droit de préférence au profit des créanciers de la succession. L'article 1382, au contraire, n'exigera que la preuve du préjudice, mais les sommes allouées à titre de dommages-intérêts seront poursuivies sur le patrimoine de l'héritier concurremment avec tous autres créanciers et sans droit de préférence au profit des créanciers de la succession.

SECTION III

ALIÉNATION.

Ce troisième mode d'extinction est une conséquence de la séparation des patrimoines telle que nous l'entendons et telle que nous avons essayé de la définir. La séparation laisse subsister la saisine; donc l'héritier est propriétaire des biens de la succession, et, en cette qualité, il a le pouvoir d'aliéner. Sans doute les créanciers héréditaires qui demandent la séparation conserveront le droit de gage que la loi confère à tout créancier sur les biens de son débiteur (2092) et l'effet de la séparation sera d'exclure le concours des créanciers de l'héritier; leur position reste donc ce qu'elle était du vivant du *de cujus*, et de même la séparation ne fait point obstacle aux aliénations à titre lucratif ou onéreux qui pourraient être consenties par l'héritier. L'article 880 confirme pleinement ce droit d'aliénation. Nous mentionnerons cependant pour mémoire le système d'après lequel la séparation constitue un véritable privilége; dans cette opinion, l'aliénation laisserait subsister un droit de suite et de préférence au profit des créanciers régulièrement inscrits, c'est-à-dire que, même après le payement du prix, les créanciers qui ont demandé la séparation pourraient suivre l'immeuble entre les mains des tiers acquéreurs. Dans notre système, au contraire, le droit de préférence se transportera sans doute de la chose sur le prix; mais, dès que le prix est payé, la séparation est irrévocablement éteinte.

L'aliénation est donc permise en principe; l'article 880, qui reconnaît à l'héritier le pouvoir général d'aliéner, se trouve confirmé par l'article 2111 qui défend l'aliénation partielle par voie d'hypothèque au préjudice de certains créanciers. Quelques auteurs ont voulu tirer de ce dernier article une conclusion qui dépasse certainement la pensée de la loi. L'héritier, disent-ils, ne peut pas consentir une aliénation partielle au préjudice de certains créanciers; donc *a fortiori* il ne pourra consentir une aliénation totale au préjudice de ces mêmes créanciers : qui ne peut le moins ne peut le plus. Rien de plus simple en apparence que ce raisonnement et cependant rien de plus faux. Celui qui ne peut le moins peut quelquefois le plus : en veut-on la preuve? qu'on se reporte aux articles 859 et 865. L'aliénation d'un immeuble sujet au rapport est irrévocable; au contraire, lorsque le rapport se fait en nature, les biens se réunissent à la masse de la succession libres de toutes charges créées par le donataire, avec cette seule restriction que les créanciers ayant hypothèque peuvent intervenir au partage et s'opposer au rapport qui serait fait en fraude de leurs droits. Donc, en matière de rapport, les aliénations partielles sont sujettes à révocation, tandis que l'aliénation totale est irrévocable. C'est exactement ce qui a lieu dans notre matière. De semblables dispositions s'expliquent sans peine. Il a bien fallu, dans l'intérêt de la sécurité des transactions, que les biens sujets au rapport et ceux qui peuvent être frappés par la séparation pussent être valablement et définitivement aliénés. Qu'arriverait-il, en effet, si la menace d'une révocation éventuelle pesait sans cesse sur de semblables aliénations? Une masse considérable de biens deviendrait indisponible. La révocation de l'hypothèque ne présente pas les mêmes inconvénients; l'hypothèque constitue la garantie accessoire d'une créance et celui qui, par une cause quelconque, vient à la perdre, ne se trouvera jamais dans la position d'un acheteur obligé de délaisser l'immeuble dont le prix a déjà été payé. Ces raisons, dont la force n'échappera à personne, expliquent l'apparente anomalie de l'article 880 qui autorise l'aliénation totale en matière de séparation et de l'article 2111 qui défend à l'héritier d'hypothéquer l'immeuble héréditaire, au détriment des créanciers qui ont conservé par l'inscription le droit à la séparation.

Le texte de l'article 880 ne vise que l'aliénation totale; mais nous ne pensons pas qu'il faille interdire à l'héritier certaines aliénations, partielles en ce qu'elles n'ont pas pour objet la pleine propriété, mais qui cependant font sortir de son patrimoine le droit sur lequel elles portent, par exemple la constitution d'un usufruit ou d'une servitude. Nous dirons donc d'une manière géné-rale que l'aliénation est irrévocable, qu'elle anéantit la séparation, quand elle dépouille complétement l'héritier, quand elle transmet à l'acquéreur soit la pleine propriété, soit un de ses démem-brements, de manière qu'il devienne propriétaire incommutable de ce qui fait l'objet de la convention. Mais si, au contraire, le droit sur lequel a porté l'aliénation n'est pas sorti complétement du patrimoine de l'héritier, si celui-ci a traité, non pas avec un tiers qui avait l'intention de devenir propriétaire, mais avec un de ses créanciers qui voulait seulement obtenir une garantie de sa créance, le droit acquis par celui-ci ne sera pas opposable aux créanciers héréditaires diligents qui ont rempli toutes les forma-lités prescrites par la loi. Nous pouvons facilement faire l'appli-cation de ces principes au gage et à l'antichrèse. Les créanciers de l'héritier ont-ils voulu acquérir un droit irrévocable sur la chose qui fait l'objet du gage ou sur l'immeuble donné en anti-chrèse? Non, car le créancier gagiste ou l'antichrésiste, en leur qualité de détenteurs précaires, ne peuvent jamais arriver à la propriété, même par voie de prescription. L'objet de ces deux contrats a été de donner un droit de préférence à certains créan-ciers. On est donc conduit, raisonnant par analogie de l'hypo-thèque, à leur appliquer les dispositions de l'article 2111 d'après lesquelles l'héritier ne saurait consentir une cause de préférence sur les biens de la succession au détriment des créanciers héré-ditaires diligents.

Les aliénations dont parle l'article 880 peuvent être des aliéna-tions de propriété ou des aliénations de possession. Examinons successivement les deux hypothèses.

Les aliénations totales de propriété se produisent par la vente ou par voie d'échange. Dans le premier cas, nous avons cherché à établir que le droit de préférence résultant de la séparation se transporte de la chose sur le prix : *pretium succedit in locum rei.* On peut supposer une vente simulée, ou bien, si la vente est sérieuse, une dissimulation de prix qui tendrait à soustraire aux créanciers de la succession une partie de leur gage; dans ces deux hypothèses, l'article 1167 permettra aux créanciers héréditaires d'obtenir la rescision de la vente, mais à la condition de prouver le préjudice, la fraude de la part du vendeur et la complicité de l'acheteur : cette dernière preuve, qui entrave souvent l'exercice de l'action Paulienne, deviendra facile quand la dissimulation n'aura eu d'autre objet que de favoriser certains créanciers au détriment des autres. L'aliénation en bloc des droits successifs soulève quelques difficultés. Constatons d'abord que l'héritier reste toujours débiteur : *semel heres, semper heres;* le droit de préférence qui résulte de la séparation se transportera sur le prix de cession, de la même manière que le prix non payé se trouve substitué à l'objet particulier qui a été aliéné; au besoin, l'article 1166 permettrait aux créanciers héréditaires de se faire payer le prix de cession en exerçant les droits et actions de leur débiteur. Notons cependant que les créanciers héréditaires ne pourraient demander la séparation du patrimoine du cessionnaire et de celui de la succession; les biens du défunt ont été aliénés et le droit à la séparation se trouve éteint; les créanciers auront donc la faculté de poursuivre le cessionnaire non plus comme représentant du défunt, mais comme obligé en vertu du contrat de cession. L'aliénation à titre gratuit de tout ou partie des biens de la succession aurait des conséquences bien plus graves pour les créanciers héréditaires. L'héritier, en faisant une donation, a agi dans la plénitude de ses droits. De quoi les créanciers se plaindraient-ils? Le défunt, leur débiteur, pouvait aliéner à titre gratuit : pourquoi son héritier n'en pourrait-il faire autant? Le droit de gage des créanciers de la succession sur le patrimoine héréditaire est donc perdu, sans que l'équivalent puisse se trouver dans le prix non encore payé. Mais les créanciers auront toujours la ressource de l'article 1167. Seulement leur condition sera bien plus avantageuse que dans l'hypothèse d'une aliénation à titre onéreux; ainsi ils seront tenus d'établir la fraude de la part du donateur, mais la preuve de la complicité du donataire devient inutile.

On comprendra facilement ce que nous entendons par aliénation de possession si nous disons que, dans certains contrats, on peut, tout en restant propriétaire d'une chose, laisser à d'autres la jouissance ou même la détention sans jouissance de cette chose. Citons en passant le louage, le prêt à usage, le dépôt. Ces contrats doivent être respectés; ils ne constituent la plupart du temps que des actes d'administration, et l'héritier, qui a le pouvoir d'aliéner, peut *a fortiori* faire des actes d'administration. Le louage, le prêt à usage, le dépôt, ne font point obstacle à l'action en séparation des patrimoines, car ils laissent subsister le droit de propriété sur la tête de l'héritier et ne sont pas indéfinis dans leur durée. Mais jusqu'à quel point le bail des immeubles sera-t-il opposable aux créanciers héréditaires ? Est-ce le cas d'appliquer la loi du 23 mars 1855 ? Faut-il dire que le bail, fait pour plus de dix-huit années, ne leur est opposable, s'ils se sont inscrits conformément à l'art. 2111, qu'autant qu'il a été transcrit? Nous ne le pensons pas. L'article 3 de la loi du 23 mars 1855 a pour objet de protéger « les tiers qui ont des droits sur l'immeuble et qui les ont conservés en se conformant aux lois. » Or, ces tiers qui ont des droits sur l'immeuble ne sont autres que les créanciers hypothécaires, ceux qui ont acquis un droit d'usufruit, de servitude, ou même la propriété de l'immeuble et qui ont fait transcrire leur titre, tous ceux, en un mot, qui, ayant un droit réel, l'ont conservé dans la forme exigée par la loi. Le bail, dont la durée excéderait dix-huit années, ne serait opposable aux tiers ayant des droits réels sur l'immeuble que s'il avait été transcrit antérieurement à la transcription de ces droits réels. La condition des créanciers héréditaires est bien différente, alors même qu'ils ont conservé par l'inscription le droit à la séparation. Quel est, en effet, l'objet de la séparation ? Conserver aux créanciers le droit de gage général que leur confère l'article 2092, laisser les choses en l'état où elles se trouvaient du vivant du débiteur. Donc le bail, transcrit ou non transcrit, alors même que sa durée dépasserait dix-huit années, sera toujours opposable aux créanciers qui invoquent la séparation des patrimoines.

SECTION IV

PRESCRIPTION.

En Droit romain, l'action en séparation des patrimoines se prescrivait par cinq ans : *ultrà quinquennium post aditionem numerandum separatio non postuletur* (¹). Ce délai de cinq ans commençait du jour de l'adition d'hérédité et portait d'une manière uniforme sur les meubles et sur les immeubles. Dans notre ancienne jurisprudence, cette prescription fut admise par les pays de droit écrit, mais rejetée par les pays de droit coutumier où, suivant l'expression de Lebrun, « l'on tient pour maxime de n'admettre aucune des prescriptions du Droit romain, si elle n'est confirmée par l'ordonnance ou par la coutume (²). » Encore faut-il remarquer que le point de départ de la prescription n'était pas admis par les pays de droit écrit qui avaient adopté la maxime : « le mort saisit le vif. » Dans notre droit, la prescription varie suivant qu'il s'agit de meubles ou d'immeubles.

A l'égard des immeubles, dit l'article 880, l'action peut être exercée tant qu'ils existent dans la main de l'héritier. Cela signifie qu'il n'y a en réalité aucune prescription particulière pour les immeubles. Sauf le cas d'aliénation, l'action en séparation ne sera prescrite que lorsque la créance qu'elle avait pour objet de garantir se trouvera éteinte. Quelques auteurs, se fondant sur la disposition générale de l'article 2262, enseignent que l'action en séparation, relativement aux immeubles, se prescrit par le laps de trente ans. La jurisprudence a semblé entrer dans cette voie (³). Qu'on juge cependant des conséquences auxquelles conduirait une semblable doctrine. Supposons d'abord une créance privilégiée sur les meubles et sur les immeubles. Aux termes des articles 2101, 2104, 2271 et suivants, la durée de la prescription

---

(¹) L. 1, § 13, D., *Hoc tit.*
(²) Lebrun, *Des Suc.*, § 21.
(³) Grenoble, 3 avril 1823. Caen, 7 novembre 1815 et 3 mars 1835.

ne pourra être que d'un an, de deux ans. Si l'action en payement de la créance se prescrit par un laps de temps aussi court, comprendrait-on que l'action en séparation, dérivant de la même créance, pût durer pendant trente années ? La séparation des patrimoines, qui permet aux créanciers héréditaires de se faire payer sur les biens de la succession préférablement aux créanciers de l'héritier, n'est en réalité qu'un accessoire de la créance et l'accessoire doit suivre le sort du principal. Supposons, en deuxième lieu, une créance ordinaire remontant à quinze années avant l'ouverture de la succession; aucune interruption de prescription n'a eu lieu depuis l'échéance fixée pour le payement : concevrait-on que l'action en séparation durât trente ans à dater de l'ouverture de la succession, alors que dans quinze ans la créance elle-même sera éteinte par prescription ?

L'action en séparation se prescrit, relativement aux meubles, par un délai de trois ans. La présomption, qui sert de base à cette prescription, se comprend sans peine. Le législateur a pensé qu'après un legs de trois années les meubles de la succession seraient confondus avec les meubles qui appartiennent en propre à l'héritier. La prescription de trois ans courra-t-elle contre les mineurs et les interdits? Nous n'hésitons pas à le croire, car la présomption de confusion s'applique indistinctement à tous les cas, mais, dans cette hypothèse, un motif plus juridique vient à l'appui de notre solution : aux termes des articles 2278, 1663, 1676, les prescriptions à bref délai courent contre les incapables, sauf leur recours contre qui de droit. Les prescriptions de six mois, d'un an, de deux ans, de cinq ans, n'étant pas en général suspendues par la minorité et l'interdiction, comment n'en serait-il pas de même par la prescription triennale de l'article 880? Sans entrer dans de plus longs développements, nous dirons que la prescription de trois ans s'appliquera pour les mêmes raisons aux femmes mariées. La question de savoir si notre prescription peut être opposée aux créanciers conditionnels ou à terme présente plus de difficulté. Sans doute la disposition de l'article 2257, d'après laquelle la prescription ne court point contre les créances affectées d'une condition ou soumises à un terme, a une portée générale, mais elle est l'application pure et simple de la règle : *contrà non valentem agere non currit præscriptio*. Or, dans notre hypothèse, est-ce le cas d'appliquer cette maxime? Si la prescription ne court point contre les créanciers conditionnels ou à terme, c'est qu'ils ne peuvent poursuivre le recouvrement de leur créance avant l'événement de la condition ou l'échéance du terme; cela ne les empêchera pas de prendre des mesures conservatoires, et, au nombre de ces dernières, se trouve la séparation des patrimoines. Donc, puisqu'ils ne peuvent se prévaloir de la maxime : *contrà non valentem agere non currit præscriptio*, la prescription de trois ans leur sera opposable (¹).

Nous pensons que le jour de l'ouverture de la succession doit être le point de départ de la prescription. MM. Aubry et Rau font courir le délai du jour de l'adition d'hérédité, ou, pour parler le langage du Droit français, du jour où la succession a été acceptée. La raison d'être de la prescription triennale n'est autre, disent-ils, que la confusion; or, la confusion n'a pu s'opérer que du jour de l'acceptation. Ce motif, si spécieux qu'il puisse paraître, ne nous semble pas décisif. Sans doute, la prescription quinquennale courait en Droit romain du jour de l'adition d'hérédité, mais la maxime de notre ancienne jurisprudence « le mort saisit le vif », reproduite par l'article 724, rend l'adition inutile et l'héritier se trouve saisi de plein droit dès l'instant de la mort du *de cujus*. Lorsque l'héritier, après avoir renoncé, accepte la succession que les successibles du degré subséquent ont négligé d'accepter, l'article 777 a soin de nous dire que l'effet de l'acceptation remonte au jour de l'ouverture de la succession. L'article 2111 nous fournit un nouvel argument contre MM. Aubry et Rau. Aux termes de cet article, l'inscription de la séparation devra être faite sur les immeubles du défunt « dans les six mois à compter de l'ouverture de la succession. » La mesure conservatoire de l'action en séparation ne pouvant être prise que dans un temps déterminé, comment le délai pour l'exercice de cette même action n'aurait-il pas le même point de départ? Notons en terminant que, si la succession n'était acceptée que la vingt-neuvième année, la prescription ne serait accomplie relativement aux

(¹) Lyon, 25 juillet 1835, Dallaz, 36, 2, 177. Duranton, t. VII, n° 482.

meubles que trente-deux ans après l'ouverture de la succession (1).

Une dernière question nous reste à examiner. Nous savons que le droit de préférence qui résulte de la séparation se transporte de l'immeuble aliéné sur le prix qui n'a pas encore été payé. Dans cette hypothèse, l'objet sur lequel porte le droit de séparation est devenu mobilier. Quelques auteurs, frappés de cette considération, pensent que la prescription triennale doit être appliquée à toutes les espèces de ce genre (2). Cette solution doit être rejetée. La prescription court du jour de l'ouverture de la succession, et c'est à ce moment que la durée plus ou moins longue qu'elle doit avoir se trouve fixée d'une manière invariable, suivant la nature mobilière ou immobilière de la chose. Le prix n'est susceptible d'être frappé par la séparation que parce qu'il est subrogé à l'objet vendu ; or, la séparation pouvant être invoquée pendant trente ans sur la chose qui est par sa nature immobilière, *subrogatum capit locum subrogati*. A quelles conséquences bizarres conduirait l'opinion contraire? Qu'on en juge par les difficultés qui se présenteraient pour la fixation du point de départ de la prescription. Supposons, en effet, que la prescription triennale commence à courir le jour de l'ouverture de la succession ; mais alors, si l'aliénation de l'immeuble a eu lieu plus de trois ans après le décès du *de cujus*, la prescription sera éteinte avant même d'avoir pu être invoquée. Sans doute, dit-on, cette première hypothèque aboutit à une impossibilité : la logique veut que la prescription de trois ans commence à courir du jour de l'aliénation, c'est-à-dire dès l'instant où la chose, immobilière par sa nature, est devenue mobilière. Cette opinion paraît sans doute plus acceptable. Les conséquenses qui en découlent doivent la faire également rejeter. Qu'on suppose, en effet, l'aliénation intervenant vingt-neuf ans après le décès du *de cujus*; le droit d'invoquer la séparation ne sera éteint que trente-

---

(1) Merlin, *Questions de Droit*, v° *sep. des pat.*, § 2 ; Chabot, *Sur l'art. 880*, n° 3 ; Duranton, t. VII, n° 482 ; Dufresne, n°° 56 et 57 ; Demolombe, *loc. cit.*, n° 173 ; Masié et Vergé, *Sur Zachariæ*, t. II, p. 332.

(2) Dufresne, n° 83 ; Duranton, t. VII, n° 490, p. 679 ; Demante, t. III, n° 321 (bis).

deux ans après l'ouverture de la succession; or, on sait qu'en Droit français aucune prescription ne peut dépasser trente ans. La jurisprudence s'est fixée d'une manière invariable dans notre sens (¹).

(¹) Grenoble, 30 août 1831, Dalloz, 32, 2, 159; Nîmes, 26 janvier 1810. Dalloz, 40, 2, 126; Cassation, 22 juin 1811, Dalloz, *Jurisp. gén* , deuxième édition, v° *faillite*, n° 194.

POSITIONS

DROIT ROMAIN

I. — La loi 6, § 1, *De Sep.* n'est pas une application des actions Faviana et Calvisiana.

II. — Il n'y a pas antinomie entre la loi 12, D., *De vulgari et pupillari substitutione* et la loi 10, § 4, *eod. tit.*

III. — Il n'y a pas antinomie entre la loi 3, § 4, D., *De minoribus* et la loi 1, § 4, D., *Quando de peculio.*

IV. — Les créanciers conditionnels ou à terme peuvent demander la *separatio bonorum.*

V. — La loi 5, D. et la loi 1, § 7, D., *De Sep.* sont plus conformes aux principes généraux en matière de *separatio bonorum* que la loi 3, § 2, D., *De Sep.*

VI. — Les créanciers héréditaires perdront le droit d'invoquer la *separatio bonorum* par la *mens eligendi,* sans qu'il soit besoin d'une novation proprement dite.

DROIT CIVIL FRANÇAIS

VII. — La séparation des patrimoines ne constitue pas un véritable privilége.

VIII. — Le droit accordé aux légataires par l'article 1017 est une hypothèque qui ne se confond nullement avec la faculté qu'ils ont d'invoquer la séparation des patrimoines.

IX. — La séparation des patrimoines porte sur les fruits produits par les biens héréditaires depuis l'ouverture de la succession.

X. — Le rapport ne pourra, dans aucun cas, empêcher les créanciers de la succession d'invoquer la séparation sur l'universalité du patrimoine héréditaire.

XI. — La séparation des patrimoines ne fait point obstacle à la division des dettes.

XII. — Les créanciers qui veulent user de la séparation n'ont pas besoin d'introduire une demande principale : la séparation sera toujours invoquée sous forme d'exception.

XIII. — L'acceptation sous bénéfice d'inventaire n'empêchera pas les créanciers héréditaires d'avoir un sérieux intérêt à prendre l'inscription de l'article 2111.

XIV. — Les créanciers héréditaires, qui ont usé de la séparation, peuvent, en cas d'insuffisance des biens de la succession, concourir avec les créanciers de l'héritier sur les biens propres de ce dernier.

XV. — Les conditions qui rendent l'action en séparation des patrimoines irrecevable, aux termes de l'article 879, ne constituent pas une novation.

XVI. — La prescription de l'article 880 court du jour de l'ouverture de la succession.

DROIT PÉNAL.

XVII. — En cas de conviction de plusieurs crimes ou délits, lorsque le coupable a été condamné à la peine la plus forte, l'action publique peut être exercée à raison des crimes et délits non compris dans la première condamnation, bien qu'il y ait lieu de ne rien ajouter à la peine.

XVIII. — Un fait susceptible d'être incriminé de diverses manières ne peut être l'objet d'autant de poursuites qu'il présente d'incriminations possibles : ainsi celui qui a été acquitté d'une accusation de meurtre ne peut être poursuivi pour homicide par imprudence.

DROIT ADMINISTRATIF.

XIX. — L'article 17 de la loi du 3 mai 1841 sur l'expropriation n'a pas été abrogé par l'article 6 de la loi du 23 mars 1855.

XX. — Un ministre du culte peut-il être poursuivi devant les tribunaux répressifs à raison de faits délictueux commis dans l'exercice de ses fonctions, sans avoir été préalablement déféré au Conseil d'État ?

Vu par le Président de la thèse,

LANUSSE.

Vu : le Doyen,

A. COURAUD.

Vu et permis d'imprimer :

Le Recteur de l'Académie de Bordeaux,

DABAS.

TABLE DES MATIÈRES

DROIT ROMAIN.

DROIT FRANÇAIS.